188. Jacques Boyceau de la Barauderie. — Portrait gravé par G. Huret, d'après A. de Vris. — Dép. des Impr., Rés. S. 292.

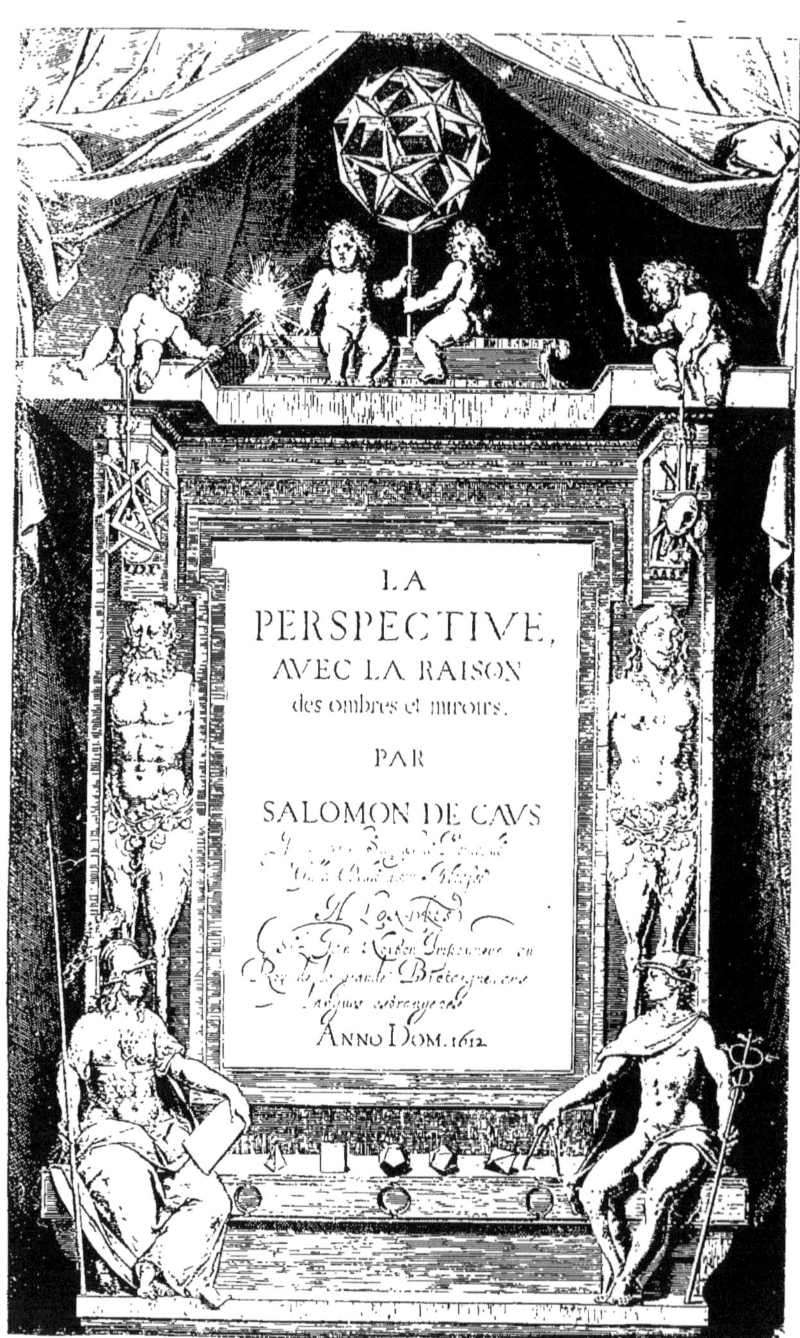
LA
PERSPECTIVE,
AVEC LA RAISON
des ombres et miroirs.

PAR

SALOMON DE CAVS

ANNO DOM. 1612

AV SERENISSIME PRINCE
HENRY PRINCE DE GALLES,
DVC DE CORNVAILLE, &c.

Ereniſſime Prince, ayant depuis deux ou trois ans en çà fait aulcunes leçons de la perſpectiue, & ayant recogneu depuis le temps que i'ay l'hóneur d'eſtre au feruice de voſtre Alteſſe, comme elle ſe delecte en toutes ſortes de ſciences, cela m'a enhardy de mettre leſdites leçons en lumiere en langue Françoiſe, d'aultant qu'il me ſemble que ceſte ſcience n'a encores eſté bien demonſtrée en icelle lágue: car ce qui en a eſté fait iuſques à preſent, n'a eſté demonſtré par aulcune raiſon. Et entre les ſciences deſpendantes des Mathematiques, celle icy eſt tant neceſſaire, qu'il eſt mal aiſé d'ordonner bien les ouurages tant d'Architecture que de peinture, que l'on n'en aye quelque cognoiſſance: & comme dit Vitruue au Chap. 2. de ſon premier liure d'Architecture, l'Architecture eſt vne diſpoſition de bonnes conuenances des parties d'vn baſtimét de proportion, meſure, diſtribution & decoration, leſquelles parties enſemble les Grecs nomment taxis, c'eſt à dire, ordonnance: apres fault cercher à donner grace à toute qualité d'ouurages par vne bonne colocation des membres, que les Grecs apellent diatheſis: c'eſt à dire, diſpoſitió, laquelle comprend trois eſpeces qu'ils nomment Idées. Par la premiere (qui eſt dite Ingnografie) eſt entendu le plan ou terraſe des deſcriptions & lineamens des plates formes. La ſeconde eſpece (dite Ortografie) eſt vne repreſentation de la figure releuée du corps ou baſtiment: ainſi par la troiſieſme (nómée Scenografie) on void l'adumbration ou renfondremét, auec le racourciſſement du front & des coſtez d'vne edifice, faite par la raiſon de la perſpectiue. En ces trois eſpeces deſſus declarées naiſantes de l'imaginatió & de l'inuention de l'ingenieur ou Architecte, eſt obſeruée l'eurithmie des Grecs: qui eſt vne connenáce telle que voſtre Alteſſe deſire qui ſoit guardée au fait de vos baſtimèts & ouurages. I'ay auſſi fait en ce preſent liure quelques demonſtrations pour coloquer les ombres aux corps ſolides: ceſt vne partie de perſpectiue fort neceſſaire pour les peintres: car l'on ne peult repreſenter en la peinture aulcune choſe de bien ſi les ombres ne ſont faites auec quelque raiſon. Outre plus i'ay encores demonſtré la maniere comme les corps ſolides ſe repreſentent dans les miroirs, choſe aſſez peu traitée par cy deuant. I'euſſes bien peu augmenter le tout de pluſieurs autres figures ſi le temps me l'eut permis: mais les ouurages de voſtre Alteſſe m'occupent de telle façon que i'ay eſté contraint de mettre fin au preſent œuure, eſperant d'auoir dans quelque temps le loiſir d'acheuer vn autre œuure ia commencé: & ce attendant, il plaira a voſtre Alteſſe auoir ce mien petit labeur agreable, & prieray touſiours Dieu qu'il luy plaiſe accroiſtre voſtre Alteſſe de ſa ſaincte benediction, & luy donner vne longue & heureuſe vie. De voſtre maiſon de Richemont le premier iour d'Octobre, 1611.

Voſtre obeiſſant & fidelle ſeruiteur

SALOMON DE CAVLS.

LOuys par la grace de Dieu Roy de France & de Nauarre, à nos aimez & feaux les gens tenants nos cours de Parlements, Baillifs, Senefchaux, Preuofts ou leurs lieutenants, & autres iufticiers & officiers qu'il apartiendra, falut. Noftre bien aimé Salomon de Caux maiftre Ingenieur, eftant en prefent au feruice de noftre trefcher & bien aimé nepueu le Prince de Galles, nous a faict dire & remonftrer, qu'aiant depuis vn long temps employé fes années & fes eftudes aux Mathematiques, il auroit faict vn liure intitulé La perfpectiue & raifon des ombres & des miroirs, lequel fera fort vtille & profitable au public. Mais d'autant qu'il craint que fur les coppies qu'il en pourroit faire imprimer, autres libraires & Imprimeurs de ceftuy noftre royaume ce pourroyent ingerer de le faire reimprimer & mettre en vente, le fruftrât par ce moyen de fes frais & labeurs, nous requiert humblement nos lettres fur ce neceffaires pour y eftre pourueu. Nous à ces caufes defirant gratifier le dict de Caux comme eftant noftre fubiet, & l'inciter d'autant plus à continuer de proffiter au public, & mefme afin qu'il fe puiffe rembourfer des frais qu'il pourra faire tant pour l'imprimerie de fon dict liure, que pour la taille douce des figures qui feront dedans, luy auons permis & octroye comme de noftre grace fpecialle, pleine puiffance, & authorité Royalle, luy permettons & octroyons par ces prefentes, de faire imprimer fon dict liure par tel Imprimeur que bon luy femblera. Et mefme de le faire vendre & diftribuer par tout noftre Royaume, par telle perfonne qu'il voudra choifir, & ce durant le temps de fix ans, a compter du iour que le dict liure fera acheué d'imprimer : pendant lequel temps nous deffendons a tous Imprimeurs et libraires de ceftuy noftre dict Royaume, de reimprimer ou faire reimprimer le dict liure, fans le confentement du dict de Caux, a peine de mil liures d'amende, vn tiers a nous, l'autre aux pouures, et le troifieme au denonciateur. Et mefmes de confifcation de tous les dicts liures dont ils feront trouuez faifis, Si vous mandons que du contenu de noftre prefente permiffion, vous laiffiez iouyr et vfer pleinement et paifiblemêt celuy ou ceux qui auront permiffion dudict de Caux d'imprimer et vendre fon dit liure, fans fouffrir qu'il leur foit faict ou donné aucun trouble et empefchement : car tel eft noftre plaifir. Donné a Paris ce dixhuictieme iour de Nouembre, mil fix cents onze, et de noftre regne le deuxieme.

Par le Roy en fon Confeil.

Signé   *le Iau.*

A MONSIEVR DE CAVLS
Anacrotiche sur son nom.

S i les noms ont en eux quelque force & puissance
A uecq' la sagesse, on t'imposa le nom,
L e sçauoir vray le rend, dont l'immortel renom
O ste aux meilleurs Autheurs l'honneur dés ta naissance:
M ais si l'esprit des morts, rentre en aultre substance,
O u se glisse insensible, auec nostre raison,
N ous penserons de voir, celuy de Salomon
D eslié de son corps, faire au tien residence :
E stant en ton Auril, si remply de sçauoir,
C onioindre la science, auec la modestie:
A yant vn esprit meur, au printemps de ta vie,
V ne aimable douceur, pleine d'humble deuoir :
L' admirable Archimede, & Vitruue reuiuent
S oubs tes inuentions, qui de bien pres les suiuent.

Vostre affectionné seruiteur,

Iaques le Maire.

A

B

C

E

F

G

L

M

O

P

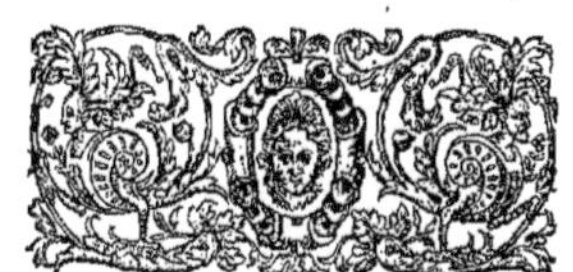

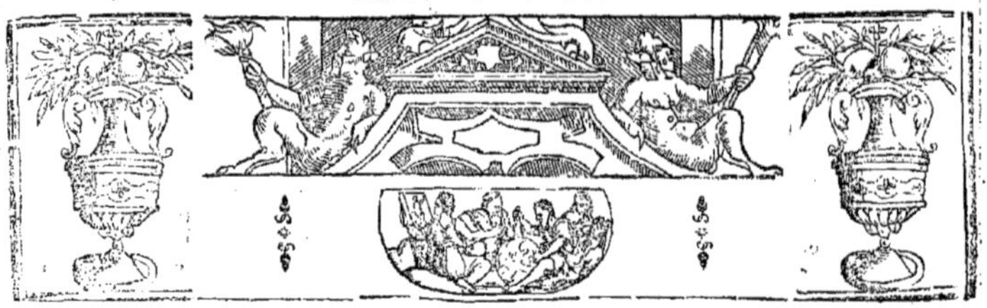

AV LECTEVR.

E Liure icy (Bening Lecteur) à este faict à deux fins,
l'vne pour l'vtilite que l'on peult tirer de cest art de perspectiue, l'autre du plaisir que l'on peult auoir en la speculacion
tant des raisons d'icelay, comme de la pratique, quand à la
premiere, il est vtile à tous Architectes, Ingenieurs, Peintres & generallement à tous ceux lesquels manient le com-
pas, l'Architecte en peut tirer ceste commodite, cest que ayants faict quelque
plan de bastiment portique ou autre chose que ce soyt, & qu'il desire en voir
vne peinture parfaicte comme s'il voyoit la chose en effect, il le pourra faire
selon les raisons qui sont icy demonstrees. quand à l'Ingenieur il en peut tirer la
mesme commodite & ayant prins quelque plan que se soit, comme de Jardin
chasteau forteresse ou autre chose, il pourra en faire la demonstracion par la
perspectiue, & monstrer ce qui est haut & bas, long & large, les peintres ne
s'en sauroyent passer s'ils veulent bien representer ce qu'ilz font, d'autant que
l'art de peinture consiste à representer vne chose naturelle & la faire paroistre
telle à la veue, ce qui ne peult estre bien faict sans vser de vrayes raisons propres en ceste science laquelle sert pour mettre toutes les lignes & traicts en leurs
places, le plaisir que l'on peut tirer de cest art, cest qu'entre tous les aris des Mathematiques cestuy-cy aporte le plus de contentement, car apres que l'on aura
trauaille à la speculacion & pratique qui est vn contentement comme pourroit
estre celuy de la Geometrie, l'on aura de plus le plaisir de voir ce que l'on aura
faict, car de toutes les Mathematiques, il ny à que la perspectiue qui donne
plaisir à la veue or de cest art plusieurs en ont traicle, mais la plus part sans
raisons n'y fondement aucun tirans leurs rays visuels d'vn plan graué, & ont
apres dressé leurs figures partie à plaisir, or pour donner à entendre la raison de
cest art, i'ay mis icy suiuant aucunes Disinitions & Theoresmes, lesquels estant

a

bien

bien entendues sans doubte l'on pourra rendre raison de ce que l'on fera Au reste i'ay mis le discours des figures le plus brief qu'il m'a este possible supliant le beuing Lecteur d'auoir recours aux figures, si le discours n'en donne l'intelligence ce n'est pas chose facille de demonstrer cest art par escrit· Dieu soyt
guarde de vous.

AVant que traicter de chose aucune, il ne sera mauuais de donner l'intelligence des Figures, d'ont nous traiterons cy apres, c'est à dire monstrer la forme de chacune figure particuliere auec son nom, car pour la construction d'icelles figures il n'est besoing icy d'entraicter, c'est vn art particulier d'ont tant de doctes personnages en ont traicté que se seroit superfluité d'en monstrer aucune chose, ainsi l'on pourra aprendre en ses figures leur nom seulement.

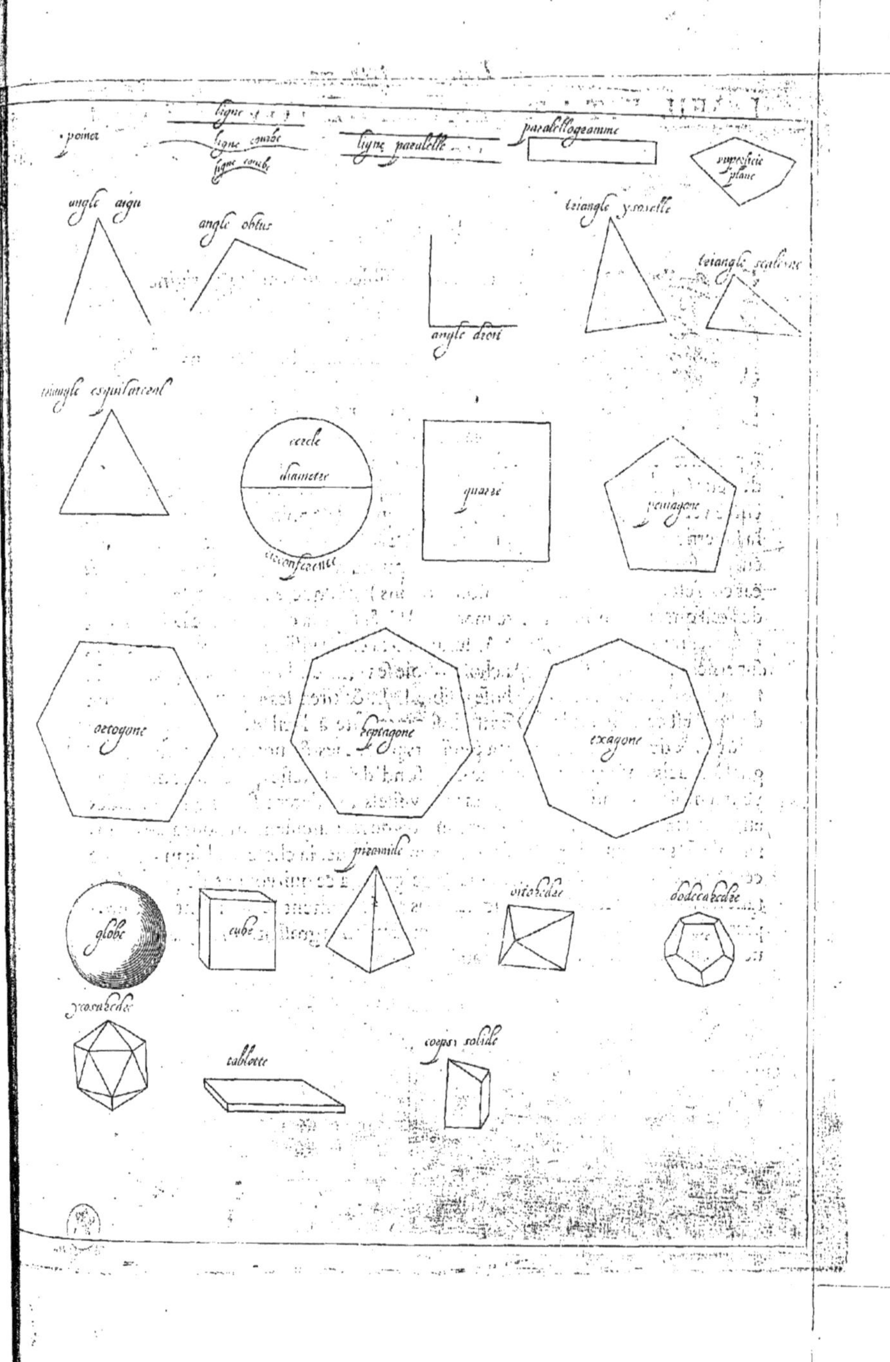

poinct
ligne droite
ligne courbe
ligne courbe
ligne paralelle
paralellogramme
superficie plane
angle aigu
angle obtus
angle droit
triangle ysocelle
triangle scalene
triangle esquilateral
cercle
diametre
circonference
quarré
pentagone
octogone
heptagone
exagone
piramide
globe
cube
octohedre
dodecahedre
ycosahedre
tablette
corps solide

L'OEIL EST LE CENTRE DE TOVT CE QVE L'ON VOID.

Explication.

Omme toutes chofes vifibles prennent leurs origine de l'œil ainfi eft il le centre de ce qu'on void, & comme l'œil eft diferent en fa forme à chacune perfonne, ainfi eft il que chacune chofe que nous voyons nous femble à aucuns grandes & aux autres petites il femble que la raifon vient de la forme de l'œil, car le poinct duquel nous voyons n'eft pas en la fuperficie de l'œil mais eft dedans iceluy & la chofe vifible fe vient reprefenter en la fuperficie de l'œil qui eft comme vn verre & eftant la le poinct de veüe (qui eft vne goute d'eau autrement appellées nerf optique) reguarde la chofe veüe en la fuperficie de l'œil, & felon que ledict poinct de veue eft pres de la fuperficie de l'œil ainfi nous auons la veüe courte ou longue, comme par exemple: foyt le poinct de veüe, ou goute d'eau, ou nerf optique (quoy que fe foyt car ce n'eft qu'vn poinct duquel nous voyons) marqué A. & foyt la fuperficie de l'œil qui eft comme vn verre marqué B C. & foyt la chofe vifible D E. foyent tirées les rays vifuels du poinct A. iufques à la chofe vifible paffans à trauers la fuperficie de l'œil B. C, alors la chofe vifible fe verra de la grandeur B. C. en la fuperficie de l'œil G. H. & la chofe vifible I. L. & tirez les rays vifuels comme deffus il eft certain que la chofe vifible fe reprefente à l'œil A. plus grande qu'à celuy F. & de la aduient qu'il y à plufieurs perfonnes & notamment en Portugual lefquels ont le poinct de veüe fi profond dans la tefte que tout ce qu'ils voyent femble fi grand à caufe que les rays vifuels fe dilatent fi loing les vn's des autres qu'ils font certains de porter lunettes de racourçiffement pour ayder à rafembler les rays vifuels pour par ce moyen diftinguer la chofe vifible mieux , or ces mefmes perfonnes ont vne aduantage grand à ce qui voyent de pres, d'autant qu'ils voyent les chofes delicates plus parfaictement & auffi font fort propres à faire ouurages delicates, car par comparaifon la groffeur d'vn grain de nauette leur femblera gros comme aucuns vn pois.

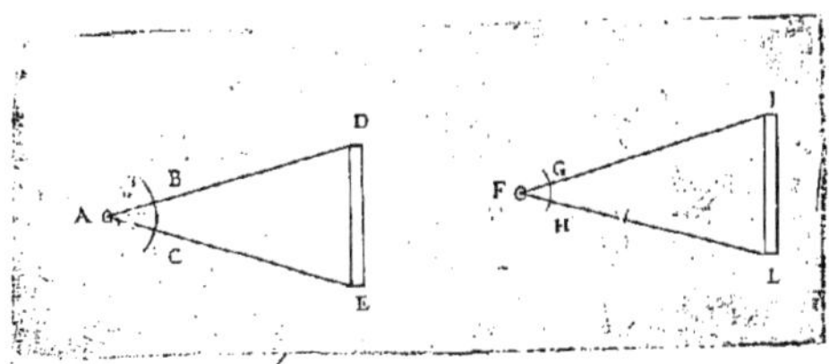

RAIS VISVELS SONT LIGNES DROICTES
IMAGINEES PARTANTS DE LA CHOSE VISIBLE
SE VENANS RENDRE A L'OEIL.

Definition deuxiefme.

LA chofe veüe fe venant à reprefenter à l'œil élle y vient par rayons droicts ou rays vifuels, & faut entendre que nous ne tirons lefdicts rays vifuels que de chacun angle de la chofe vifible d'autant qu'ayans tous les-angles de la figure il fera apres facille de tirer les lignes d'vn angle à l'autre pour parfaire ladicte figure.

LA CHOSE VISIBLE EST CE QVE L'OEIL
REGVARDE.

Definition troifiefme.

LA figure que l'œil reguarde eft nommée chofe vifible il y en à de deux fortes de figures ceux qui font compofez de lignes droictes, & ceux qui font de lignes courbes, ceux qui font de lignes droictes feront facilles à mettre en racourçiffement ceux qui font de lignes courbes plus difficilles car il faut former des angles au plans defdictes figures pour d'iceux angles tirer des rays vifuels & apres que le raport defdicts angles fera faict au racourçiffement il faudra tirer les lignes courbes d'vn angle à lautre auec iugement tellement que tant plus il y aura d'angles aux plans de la chofe vifible tant plus fera la figure parfaicte au racourçiffement qui s'en fera.

LIGNE DE TERRE EST VNE LIGNE REPRE-
SENTANTE LA SVPERFICIE DE LA TERRE.

Definition quatriefme.

EN l'Ignographie la fuperficie du papier ou eft tracée ladicte Ignogra-phie eft imaginée pour la fuperficie de la terre. A l'Orthographie la ligne de bas fur quoy eft efleuée la chofe vifible eft imaginée auffi la fuperficie de la terre.

LIGNE ORIZONTALLE EST VNE LIGNE DE LA HAV-
TEVR DE L'OEIL PARALELLE A LA LIGNE
DE TERRE.

Definition cincquefme.

DE cefte ligne il en fera peu parlé par-cy apres d'autant que le poinct
de veüe & d'efloignement reprefente l'orizon.

LIGNE TAILLEE EST VNE LIGNE IMAGINEE ESLE-
VEE A DROICTS ANGLES SVR LA LIGNE DE TER-
RE QVI COVPE LES RAYS VISVELS.

Definition fixiefme.

LIgne taillée eft ainfi nommée d'autant qu'elle eft taillée de tous les rays
vifuels qui partent de la chofe vifible fe venants rendre à l'œil c'eft elle
qui reçoyt l'obiect de la chofe vifible comme feroit vn verre plane.

POINCT D'ESLOGNEMENT EST LE PIED DE LA FIGV-
RE QVI REGVARDE LA CHOSE VISIBLE.

Difinition feptiefme.

POinct d'eflongnement ou diftance eft le poinct ou eft le pied de la figure qui reguarde la chofe vifible lequel poinct fe pofera toufiours à
vne diftance raifonnable car s'il eftoit fi prahe de la chofe vifible le racourçiffement feroit monftreux c'eft à dire eftrange la veüe, la diftance doncques
que nous donnerons audict poinct d'eflognement fera felon la grandeur de
la chofe que nous voyons fi c'eft vne fuperficie de vingt pieds en quarré pour
en auoir vn beau racourçiffement il faudra mettre ledict poinct d'eflognement au moins du double de la grandeur de la chofe la pratique monftrera tout
cecy.

POINCT

POINCT DE HAVTEVR EST VN POINCT DE LA HAV-
TEVR DE L'OEIL PERPENDICVLAIRE SVR LA
LIGNE DE TERRE.

Definition huictiefme.

Vand au poinct de hauteur il faut qui foyt du mefme efloignement de la chofe vifible & quand à fa hauteur il doibt eftre toufiours de la hauteur de l'œil de l'homme ce font viron cincq pieds mais d'autant que l'homme pourroit eftre fur vne montaigne ou bien qui fera aucunefois befoing de voir dans vne court ou iardin ou autre chofe qui pour voir faudra efleuer ledict poinct plus haut tellement que fon efleuation fera à difcretion mais à chofes indiferentes faut pluftoft le faire de cincq pieds ou enuiron.

IGNOGRAPHIE EST L'ASSIETTE OV PLATTE FORME
DE LA CHOSE VISIBLE.

Difinition nœufuiefme.

Remier que de faire aucune figure racourçie il nous enfaut fçauoir hauteur, longeur & l'argeur de toutes les longeurs & largeurs/fil s'en fera vn plan que les Grecs nomment Ignographie.

ORTOGRAPHIE EST TOVTES LES HAVTEVRS DE LA
CHOSE VISIBLE QVE L'ON DESIRE METTRE EN
RACOVRCISSEMENT.

Difinition dixiefme.

Autre plan apellé des Grecs Ortographie eft vn efleuement de la chofe vifible au deffus de la ligne de terre.

SCENOGRAPHIE EST LE RACOVRCISSEMENT DE
LA CHOSE VISIBLE.
Definition onziefme.

Cenographie, c'eft à dire defcription des Scenes ou Theatres à efte ainfi dicte des Grecs à caufe comme dict Vitruue liure 7. Chap. 5. que les Grecs premiers inuenteurs des arts & defquels nous retenons les noms feingoyent auec leurs peintures diuerfes fortes de colonnes contre les murailles & contrefaifoyent les Scenes d'ont y en auoyt de trois fortes tragiques comiques & fatiriques du depuis tout ce qui à efté racourçy par raifons de perfpectiue fe nomme fcenographie comme il fe peut encores voir dans le mefme Autheur liure premier Chap. deuxiefme.

AVCVNS THEORESMES SERVANTS
A LA DEMONSTRACION DE LA PERSPECTIVE.

Theoresme premiere.

LES CHOSES SONT VEVES OV LES RAIS VISVELS ARRIVENT.

Explication.

ENcores que ce Theoresme se donne assez à entendre si est ce qui ne sera mauuais d'en donner quelque explication & exemple ; soyt l'œil A la chose visible BC. d'autant que les rays visuels arriuent à chacun bout de la chose visible sans trouuer empeschemēt ainsi elle est veüe en son entier.

Theoresme deuxiesme.

LES CHOSES NE PEVVENT ESTRE VEVES OV N·ARRIVENT POINT LES RAYS VISVELS.
Explication.

CEcy ce peut entendre par la precedente car s'il y à quelque chose derriere la chose visible BC. comme DE il est certain que d'autant que les rays visuels n'y peuuent arriuer que icelle chose DE ne pourra estre veüe.

Theoresme troisiesme.
CE QVI EST AV DESSVS DE L'ORIZON SE VOID PAR LE DESSOVBS.

Explication.

SOyt l'œil A la chose visible B. C. laquelle est au dessus de l'orizon ainsi comme les rays visuels arriuent pàr dessoubs la chose visible ainsi ladicte chose sera veüe par le mesme costé.

Theoresme quatriesme.
C'EST QVI EST AV DESSOVBS DE L'ORIZON SE VOID PAR LE dessus.

Explication.

SOyt l'œil A & la chose visible BC les rays visuels arriuants au dessus ainsi sera elle veue par le mesme costé.

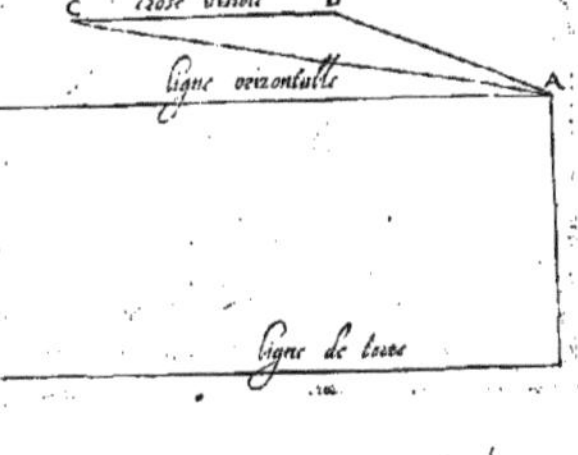

CE QVI SE VOID SOVBS PLVS GRAND AN-
GLE SE MONSTRE PLVS GRAND.

Explication.

SOyt l'œil A. & qu'il y ayt deux chofes vifibles d'vne mefme grandeur, à fçauoir BC & D E. efloignées l'vne de l'autre les rays vifuels eftans tirées, vous voyez que les deux chofes vifibles auec le poinct de l'œil font deux triangles & l'angle du poinct A du triangle A. D. E. eft plus grand que l'angle du mefme poinct A. B. C.

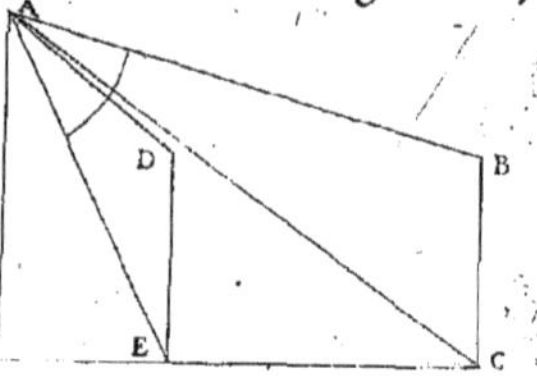

Theoresme sixiesme.
CE QVI SE VOID SOVBS AN-
GLES EGAVX SE MON-
STRENT EGAVX.
Explication.

SOyt l'œil A. & les chofes vifibles D E. & BC. foyt tiré les rays vifuels & foyt fait la portion de cercle F G H I l'angle A H I eft égual à A F G. d'autant que la diftance I. H. eft éguale à G F. mais la chofe vifible B C eft plus grande que D E lefquelles neaumoints fe monftrent éguales d'autant qui font veue foubs angles égaux.

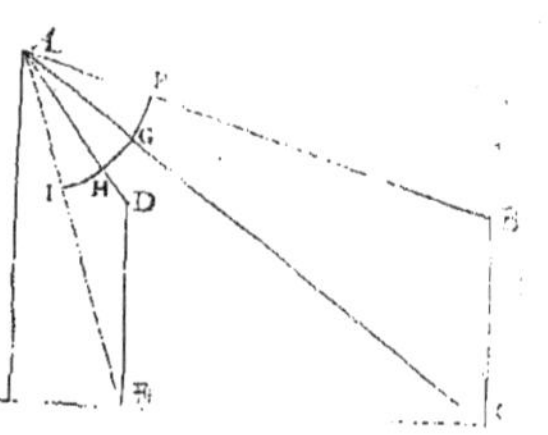

Theoresme septiesme.
CE QVI SE VOID SOVBS PLVS
PETIT ANGLE SE MON-
STRE PLVS PETIT.
Explication.

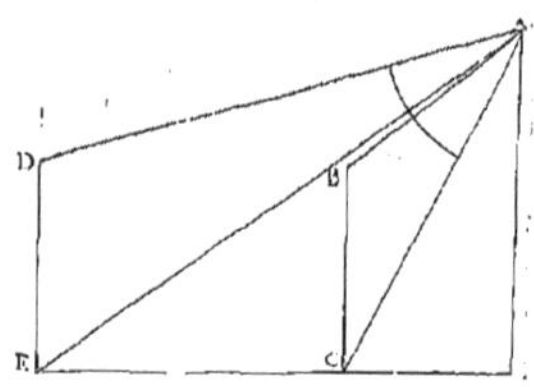

C'Eft la mefme raifon du 5. Theorefme l'angle A D E eftant plus petit que A B C ainfi la chofe fe monftrera plus petite.

De la fenfuyt que des chofes d'vne mefme grandeur la plus efloignée de l'œil fe monftre la plus petite, & cecy eftant vn des principaux fondements de la perfpectiue i'en donneray encores c'eft exemple: foyt l'œil A & qu'il y ayt deux vergettes d'vne mefme grandeur plantées perpendiculaires fur la terre la plus efloignée foyt marquée B C. & la plus prochaine D E. les rays vifuels feront tirées de chacun bout des vergettes au poinct de l'œil A. vous voyez q̃ les rays vifuels de la vergette B C. coupe celle D E. aux fectiós F G. nous dirons dócques que la vergette B C fe móftre fur celle D E. de la grandeur F G.

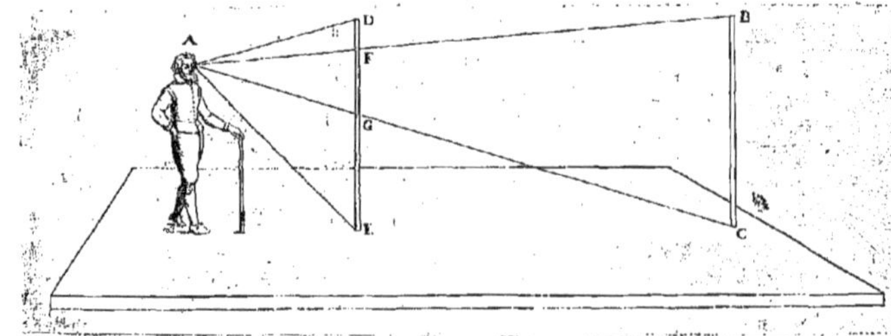

LES CHOSES EGVALLES QVI SONT PERPEN-
DICVLAIRES DONNENT LEVRS RACOVR-
CISSEMENTS DELLES MESMES.

Explicacion.

Oyt la ligne perpendiculaire diuiſée en parties eſguilles, comme B C. C D. D E. E F. & ſoyt l'œil marqué A les rays viſuels feront tirées de chacun poinct des grandeurs iuſques à l'œil apres tirer vne ou pluſieurs lignes perpendiculaires entre l'œil & la ligne grauée toutes les grandeurs feront éguales ſelon la trente ſeptieſme propoſition du premier des eſlements d'Euclide ou il dict que tous triangles eſtant ſur meſmes baſes & entre meſmes paralelles ſont egaux entre eux le triangle doncques B C A. eſt égal à C D A & à tous les autres auſſi qui ſont faicts ſur la meſme ligne, apres ſelon la deuxieſme propoſition du ſixieſme, il dict que ſi vne ligne droicte coupe les deux coſtez d'vn triangle les angles feront proportionnaux entr'eux, & ſi les angles ſont proportionnaux entre eux, il eſt neceſſaire que tous les coſtez ſoyent eſgaux de la ligne G H. ainſi il ſe peut voir par ceſte raiſon que toutes les grandeurs eſtants perpendiculaires ne donnent aucun racourçiſſement.

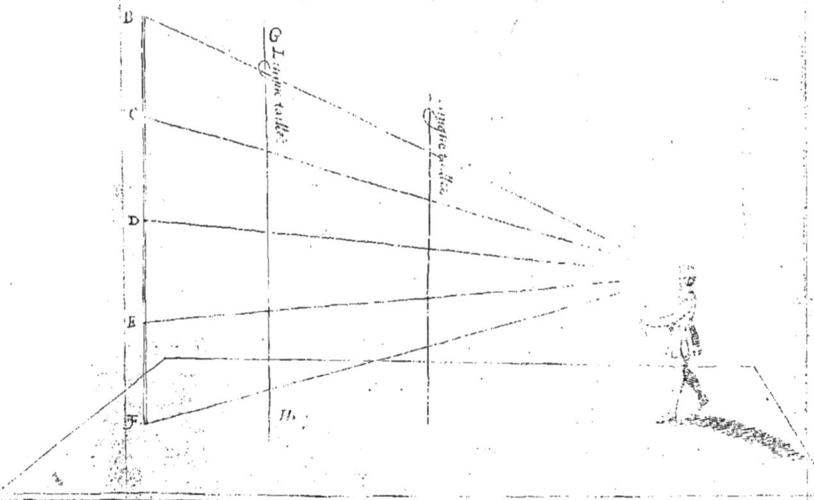

Ie donneray encores vn autre exemple d'autant que cecy merite d'eſtre entendu, ſoyt vn baſtiment ou tour eſleuée de cent pieds de haut, & qu'il y ayt des feneſtres marquées celles de haut B. & celles de bas C. & ſoyt l'œil A. ſoyt apres tirées les rays viſuels leſquels paſſeront à trauers la ligne taillée, il eſt certain que le racourçiſſement qui ſera ſur la ligne taillée tant de celles de haut que celles de bas ſera eſgal, mais il eſt bien certain que celles de bas qui ſe voyent ſoubs plus grand angle ſe monſtrent plus grandes ſelon le cincquieſme Theoreſme, & pour monſtrer de combien ſoyt faict le cercle F. D. H. I. d'ont l'œil ſera le centre, or la grandeur F D. eſt plus petite que H I. autant en proportion comme la feneſtre B paroiſt plus petite que C.

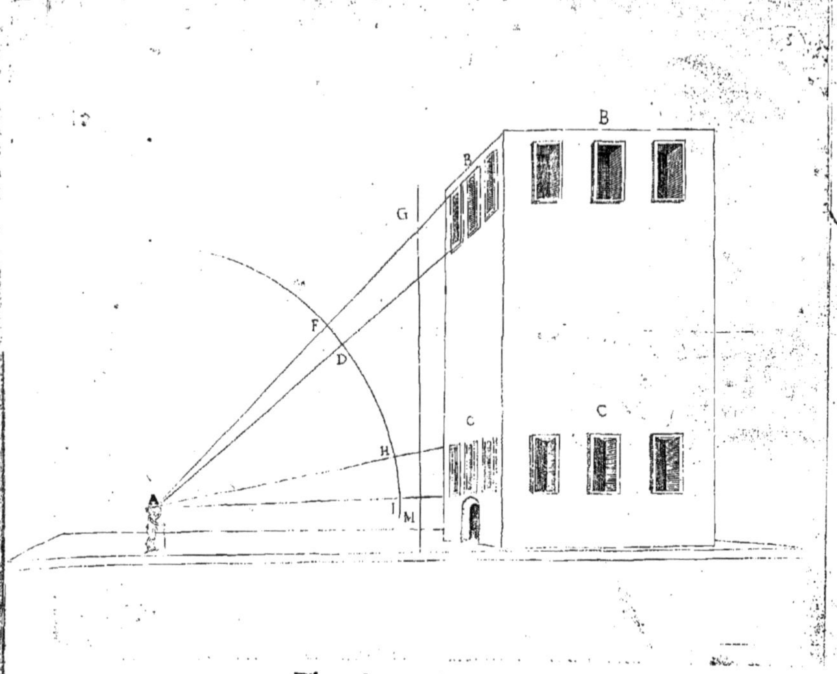

Theoresme nœufuiesme.

LA CHOSE VISIBLE PARALELLE A LA LIGNE TAILLEE DONNE SON RACOVRCISSEMENT D'ELLE MESME.

Explication.

Oyt par exemple les deux quarrez B C. & D E. en racourçissement, or B C. est plus esloigné de l'œil que D E. & aussi ledict costé B C. est veu de trauers & non de front ces raisons semble qu'il denburoit estre plus petit au plan racourçy mais si la ligne taillée est paralelle audicts costez le racourçissement en sera égual, c'est à dire L M sera égual à N O. & pour voir de combien L M. est plus petit que N O soyt tiré le demy cercle F G H I. ainsi le costé B C. ou L M. se monstrera soubs la grandeur F G., & le costé D E ou N O. soubs la grandeur H I.

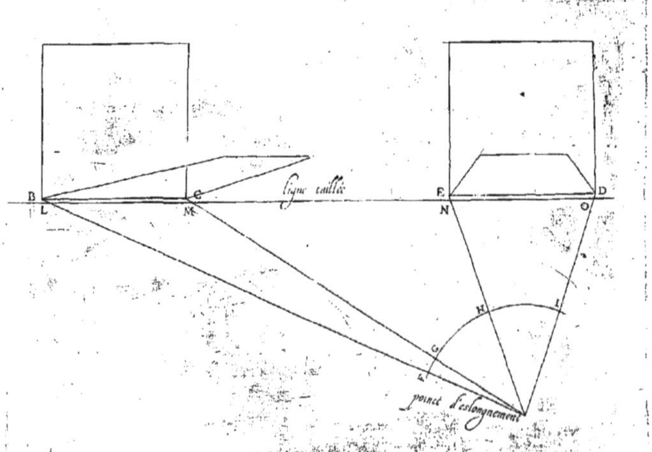

LA CHOSE VISIBLE ESTANT MISE EN RA-COVRCISSEMENT EST SEMBLABLE A LA MESME CHOSE VEVE A TRAVERS VN VERRE AV L'ON QVELLE VERRE MARQVEROIT LADICTE FIGVRE.

Theoresme dixiesme.

A Feneftre d'Albert Durer donne la demonftracion de ce prefent Theorefme, ie donneray icy le moyen de la practi-quer & apres la demonftracion en fera donnée. Soyt vn cube pofé fur vne table, marqué A. B. C. D. E. F. G. foyt auffi vne feneftre pofée ferme fur ladicte table en forte quelle foyt dans vn chafis & qu'elle puiffe ouurir & ferrer auec faci-lité, foyt auffi vn filet ataché à cofté de ladicte feneftre ou il aye vne petite patenoftre qui fe puiffe glifler par ledict fillet, apres foyt ataché vn petit anneau à la muraille marqué H. & qu'il y paffe vn fillet ou il y aura vn plomb au bout, & à l'autre bout fera atachée vne petite vergette, foyt apres faict la pratique en cefte forte, qu'il y aye vn homme au bout de la table & l'au-tre près de la figure que l'on defire racourçir lequel auec la vergette ou fera ata-ché le filet la poufera à l'vn des angles de la figure, alors l'autre homme mettra l'autre fillet de trauers la feneftre en forte qu'il puiffe atoucher l'autre, puis faut aprocher la patenoftre à l'atouchement, alors l'on ferrera ladicte feneftre & au lieu ou la patenoftre atouchera la feneftre, faudra marquer vn poinct & ain-fi faire à tous les autres angles de la figure, & faut noter qu'il faut tirer les lig-nes d'vn angle à l'autre de peur de confufion en mefme temps que les poincts font formées, ainfi vous aurez le racourçiffement d'vn cube ou de ce qu'il vous plaira racourçir & à la pratique de cecy faut confiderer que H eft le poinct de veüe la cube la chofe vifible, la table la ligne de terre, la feneftre la ligne tail-lée le filles A H. les ray vifuel, le plan du cube d'efcrit fur la table l'Ignographie, l'efleuement dudict cube l'Ortographie, & le racourçiffement qui eft d'efcript contre la feneftre la Scenographie, or pour demonftrer que la chofe vifible eft mife en racourçiffement comme fi elle eftoyt defcripte contre vn verre foyt au lieu de ladicte feneftre pofé vn verre dans le chafis, & foyt l'œil au poinct H il eft certain que l'on verra dans ledict verre ledict cube en la me-fme forme comme eft le racourçiffement faict contre la feneftre, car le fil-let allant droict du poinct de veüe aux angles du cube eft au lieu mefme ou feroit le ray vifuel contre le verre.

POVR

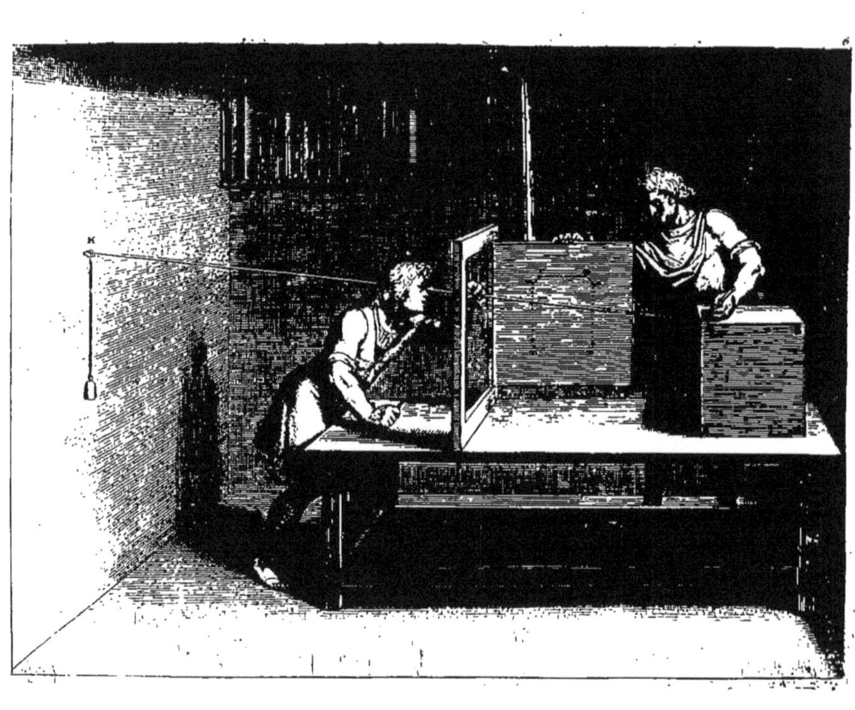
K

POVR METTRE VNE SVPERFICIE PLANE
QVAREE EN RACOVRSISSEMENT.

Chapitre Premier.

Oit faiét le plan ou Ignographie du quarré A. B. C. D. & pour l'autre plan qui doibt eftre l'Orthographie faut tirer vne ligne de terre E. F. & marquer fur icelle vn des coftez du quarré aux poinéts G.H. puis fault afoir le poinét d'eflongnement à volonté qui fera marqué O. puis tirer la ligne taillée I. L. apres faut tirer les rais vifuels de chacun angle du quarré au poinét O. lefquels couperont la ligne taillée aux poinéts 3. 1. 2. 4. & apres faut efleuer le poinét de hauteur fur la ligne de terre de l'Orthographie & qu'iceluy poinét foit auffi loing de la ligne taillée comme celuy d'eflongnement apres tirez les rais vifuels des poinéts G. H. audiét poinét de hauteur marqué M. lefquels couperont la ligne taillée aux poinéts 5. 6. apres fauldra faire le tranfport des lignes racourfies qui font fur les deux lignes taillées en cefte façon.

Soit tiré fur la ligne I. L. vne ligne occulte marquée M. E. laquelle reprefentera N. O. & que la hauteur M. E. foit pareille à la hauteur du poinét de hauteur E. M. & foit marqué fur I. L. les poinéts 3. 1. 2. 4. & foit efleué des lignes occultes perpendiculaires fur lefdiéts poinéts apres foit prins la hauteur de l'Ortographie du poinét R. (qui eft le poinét fur la ligne de terre ou la ligne taillée s'efleue) au poinét 5. laquelle hauteur fe mettra au racourfiffement fur les poinéts 3. 4. aux poinéts E, D. puis tirer la ligne E. D. & faut apres prendre la hauteur R. 6. & la dreffer fur 1. 2. aux poinéts A. B. puis tirez la ligne A. B. apres tirez la ligne A. E. & B. D. le quarré fera mis en racourfiffement.

Quand au poinét d'ou il faut veoir lediét quarré il fera perpendiculaire fur le poinét E. de la hauteur M. & auffi eflongné dudiét poinét M. comme eft la ligne taillée des poinéts deflongnement ou de hauteur.

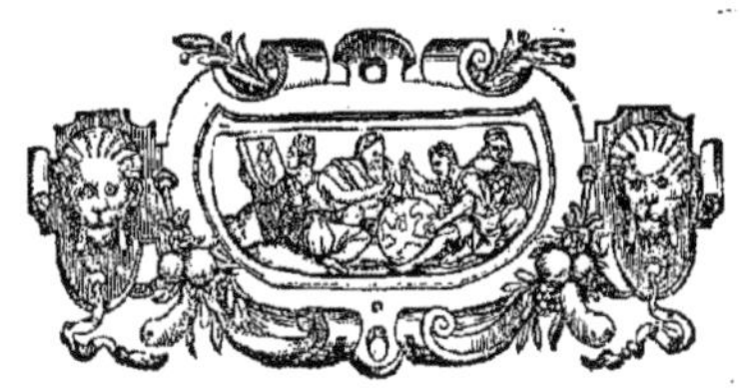

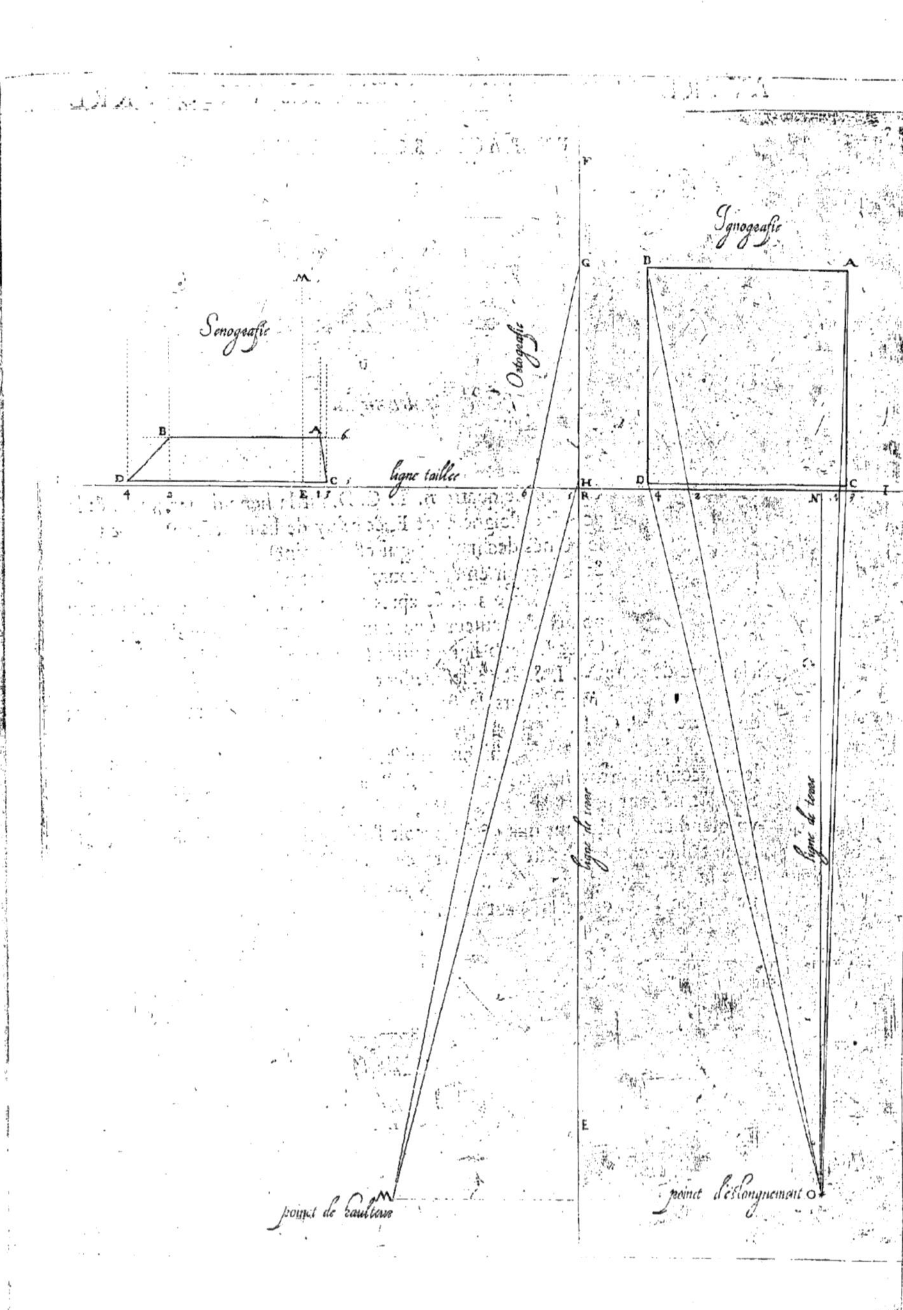

Senografie
Ignografie
Ortografie
ligne taillee
ligne de tirer
ligne de terre
point de hauteur
point d'eslongnement

AVTRE FACON POVR METTRE VN QVARRE
EN RACOVRCISSEMENT.

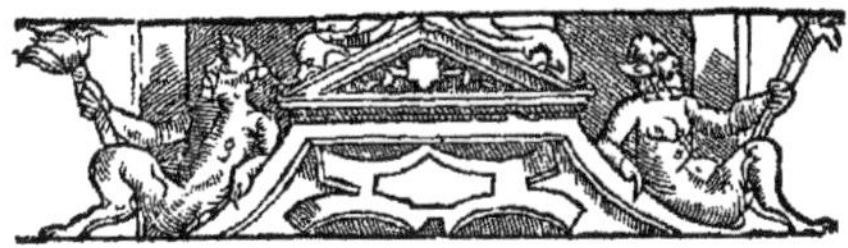

Chapitre deuxiefme.

Oit faict le quarré A. B. C. D. fur la ligne de terre 1. 2. & le poinct defloignement E. & celuy de hauteur F. apres foit faict le poinct declinateur qui eft le poinct à l'opofite de l'oeil T. & faut auoir en ce racourçiffement vne ligne taillée laquelle fera marquée 3. 4. & apres foyent tirez les raiz vifuels tant au poinct de hauteur que aux declinateur & aux deux fections O. & I. de la ligne taillée foyent tirées deux lignes pararelles à la ligne de terre M. I. & P. O. lefquelles toucheront aux deux raiz vifuels aux poincts P. O. & M. R. alors la figure M. P. O. R. fera le racourçiffement du quarré A. B. C. D.

Il y à plufieurs Aucteurs qui ont traicté de la perfpectiue lefquels prennent leur racourçiffement fur le ray vifuel T. B. à la fection S. & font la pararelle S. Z. & ne font poinct la ligne taillée, mais en cefte façon de racourçir: il y à vn grand erreur d'autant que ce qui reçoit l'obiect de la chofe vifible qui eft la ligne taillée comme à efté demonftré cy deuant doibt eftre pofé perpendiculaire fur la terre mais en cefte façon de raçourçir l'obiect eft receu fur vne ligne courbe T. B. ce qui ne peut eftre.

POVR

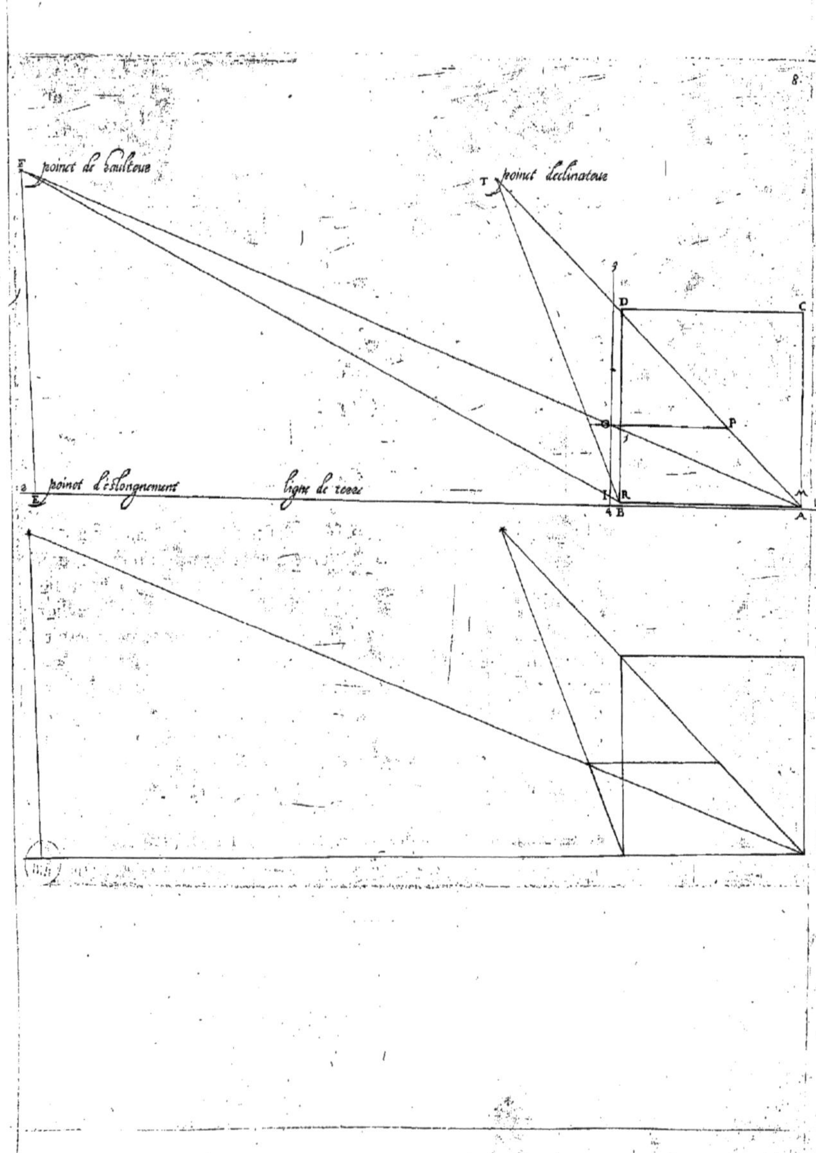
E poinct de haulteur
T poinct declinateur
poinct d'eslongnement
ligne de terre
D
C
G
P
I R
4 B
A

POVR METTRE EN RACOVRCISSEMENT VN

QVARRE DVQVEL VNG DES ANGLES SERA
TOVRNE VERS LA VEVE.

Chapitre troisiesme.

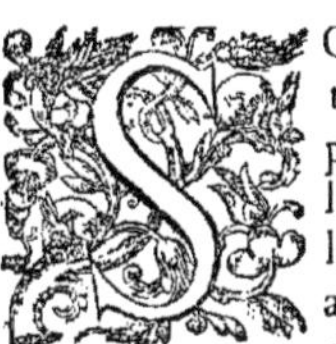

Oit le quarré A. B. C. D. le poinct d'esloignement E. soyent
tirez les raiz visuels de chacun angle du quarré lesquels couperont la ligne taillée aux poincts 2. 1. 4. 3. soit apres faict
l'Orthographie en sorte que chacun angle du quarré soit es-
leué sur la ligne de terre comme il est en l'Ignographie soient
apres tirées les raiz visuels, lesquels couperont la ligne taillée
aux poincts 5. 6. 7. apres faut faire le transport des lignes racourçies, comme à esté enseigné par les precedentes.

POVR METTRE EN RACOVRCISSEMENT VN

QVARRE LE QVEL SERA VEV OBLIQVEMENT.

Chapitre quatriesme.

Oit le quarré A. B. C. D. & le poinct d'esloignement E. & la ligne
taillée L. M. or d'autant que la ligne de terre du poinct d'esloignement doibt estre tousiours à droicts angles auec la ligne taillée ainsi
ce quarré icy sera veu obliquement, car si ladicte ligne taillée estoit
pararelle à vn des costez dudict quarre, le racourçissement seroit d'vne autre façon comme il sera monstré au Chap. suiuant, doncques pour auoir le racourçissement suiuant comme ladicte ligne taillée est placée, faut tirer les raiz visuels
des quatres angles de l'Ignographie, apres faut faire l'Ortographie en ceste façon soit tiré la ligne de terre P. E. laquelle coupera la ligne taillée à droicts
angles, faut apres mesurer la distance de ladicte ligne au poinct D. & poser la
mesme distance sur la ligne de terre de l'Orthographie apres faut mesurer l'autre
distance C. de la ligne taillée & la raporter encores sur la ligne de terre & ainsi des deux autres angles B. A. & quand il's feront posées il faut tirer les raiz
visuels au poinct de hauteur lesquels couperont la ligne taillée aux poincts
5. 6. 7. 8. puis faut raporter les hauteurs & largeurs pour en faire le racourçissement en la façon susdicte.

POVR

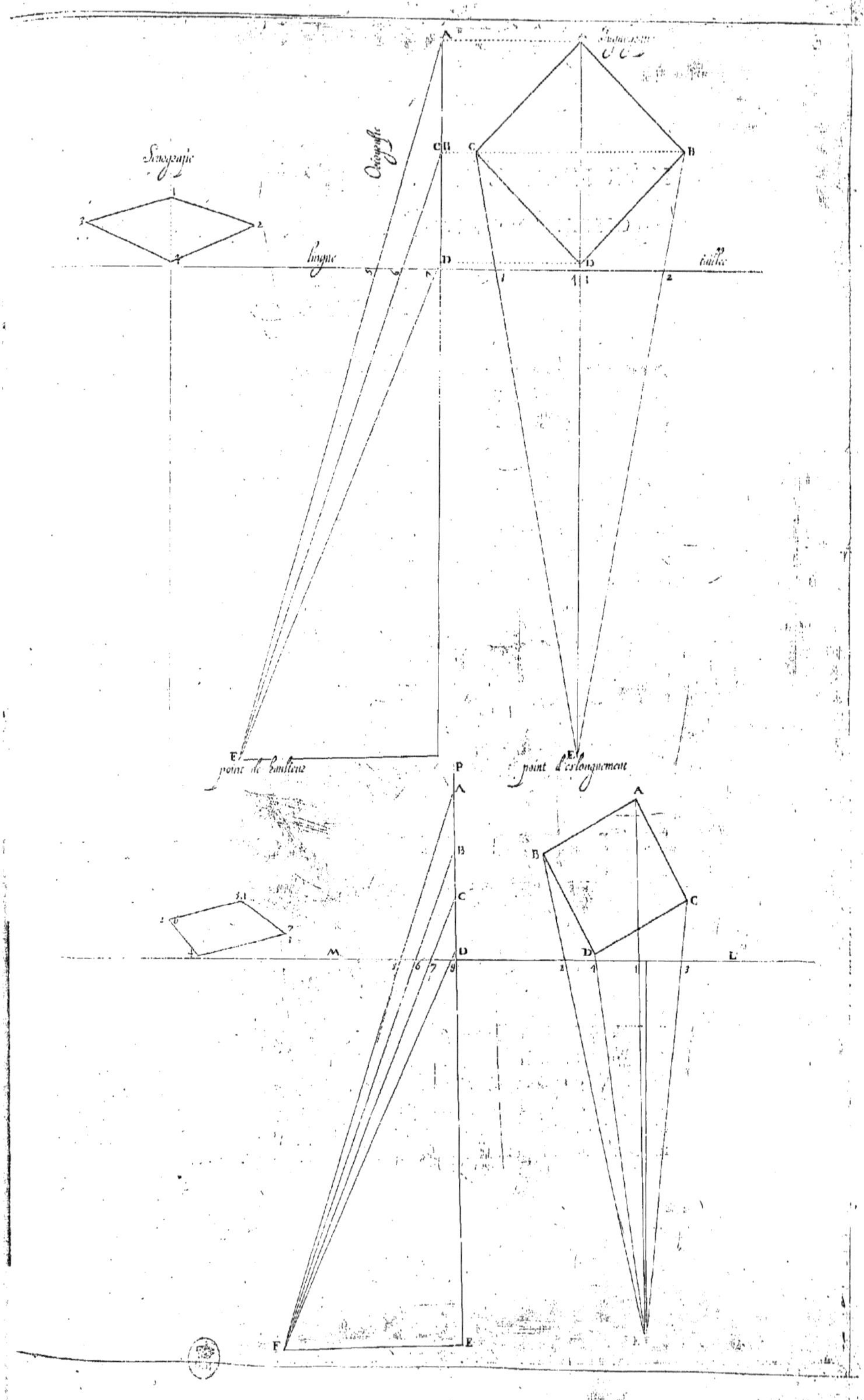

Scenographie
Orthographie
ligne
taillée
A
C B
B
D D
E point de l'aillenne
E point d'eslongnement
P
A
B
C
M
D
L
F
E
A
B
C
D

POVR METTRE LE DICT QVARRE EN RACOVR-
CISSEMENT PARARELLE A LA LIGNE TAILLEE.

Chapitre cincquiefme.

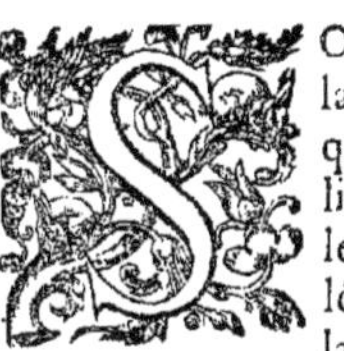

Oit le quarré A. B. C. D. de la grandeur du precedent auec
la ligne taillée L. M. & le poinct E. du mefme efloignement
que le precedent & en la mefme fituation foit apres tirée la
ligne taillée O. P. pararelle au cofté C. D. & foyent tirez
les raiz vifuels lefquels couperont toutes les deux lignes taillées differemment , & pour dreffer l'Orthographie fuiuant
la ligne taillée O. P. faut tirer la ligne de terre G. E. qui
coupera ladiéte ligne à droiéts angles : & que le poinct E. foit aultant di-
ftant de ladiéte ligne comme le poinct d'efloignement E. de l'Ignographie apres
dreffez le poinct de hauteur F. & tirez les rayz vifuels, apres faiétes le tranfport
des lignes racourçies comme à efté enfeigné par cy deuant, mais il faut prendre les largeurs fur la ligne taillée de l'Ignographie fur celle marquée O. P. &
le racourçiffement fera 1.5. 2.6. 3.7. 4.8. lequel eft different du precedent,
encores qu'il foit veu de mefme longeur & hauteur, mais la ligne taillée à apor-
té cefte diuerfité.

POVR METTRE EN RACOVRCISSEMENT VNE
FIGVRE PLANE DE COSTEZ INESGAVX.

Chapitre fixiefme.

Oit la figure ou fuperficie plane marquée A. B. C. D. E. le poinct
d'efloignement F. & foit faiét l'Orthographie fur la ligne de terre
que chacun angle de ladiéte figure foit marqué fur ladiéte ligne de
la diftance de la ligne taillée comme aux precedentes apres faut tirer les raiz vifuels & raporter la hauteur de chacun angle auec fa largeur comme il eft fur la ligne taillée pour en faire le racourçiffement.

POVR

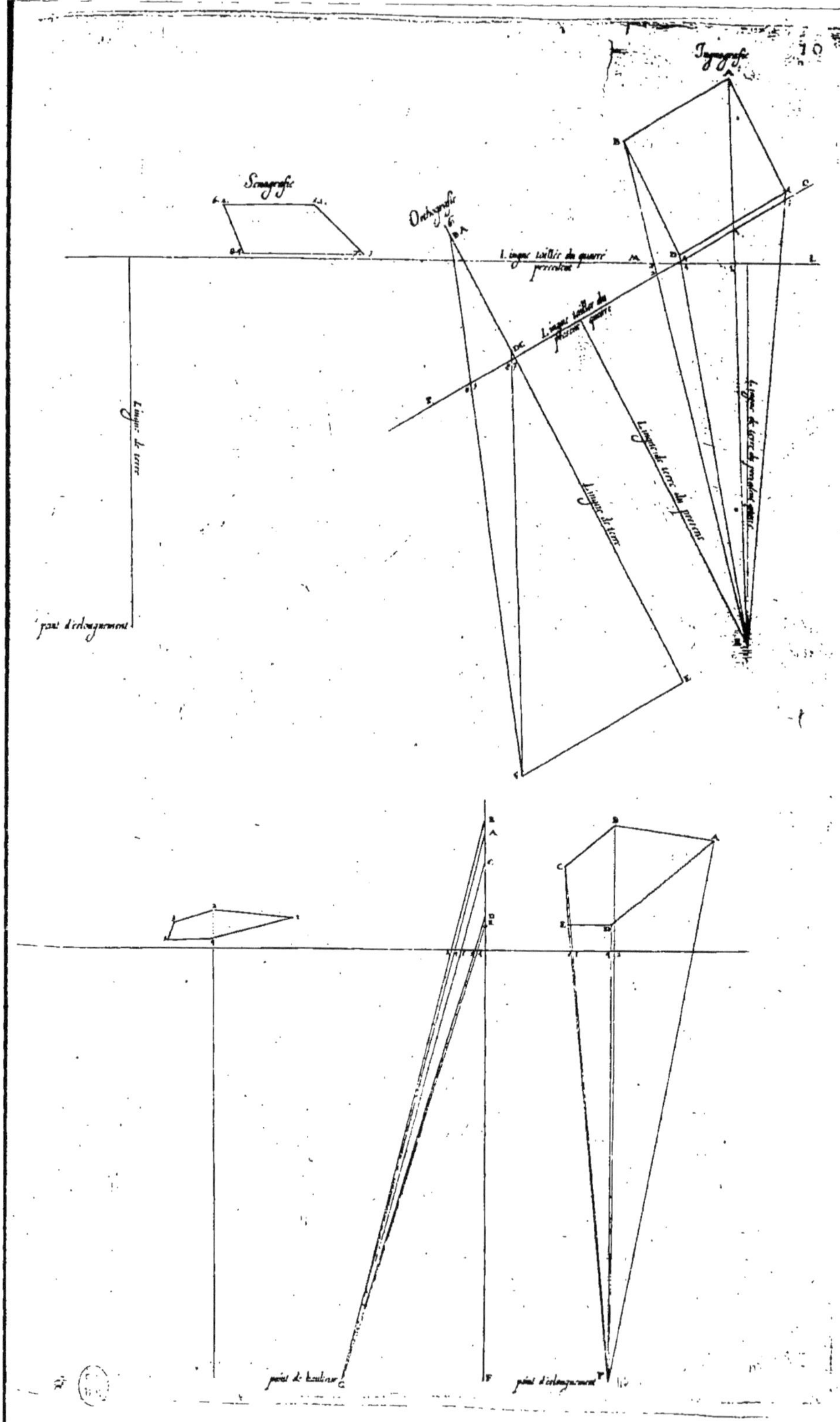

Scenografie
Orthografie
Icnografie
Ligne taillée du quarré precedent
Ligne taillée du second quarré
Ligne de terre
Ligne de terre du precedent
Ligne de terre du second quarré
Ligne de terre
poinct d'esloignement
poinct de hauteur
poinct d'esloignement

Chapitre Septiefme.

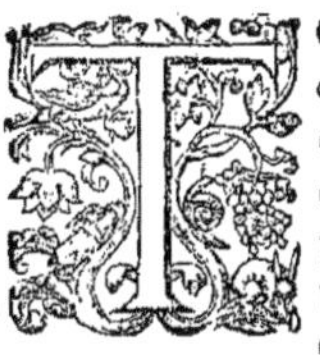Outes figures compofées de lignes courbes ne fe peuuent re-
duire en racourçiffement que par le moyen des droictes à
caufe qu'il faut former des angles pour tirer les raiz vifuels
comme par exemple, foit le cercle A. lequel fera diuifé en 16.
parties efguales par la circonference & de chacun angle feront
tirez les rayz vifuels, apres faut faire l'Orthographie comme à
efte enfeigné par les precedentes & pour faire le racourçiffe-
ment faut tirer tous les coftez auec lignes occultes puis faire la circonference à
l'entour laquelle fe fera à iugement, car de regle pour conduire les lignes courbes, il ny en à aucune mais pour les faire plus facilles il faut faire plus grande
quantité d'angles.

C'Eft autre Cercle B. eft veu obliquement à caufe que le poinct d'efloignement n'eft point vis à vis du centre du cercle ou pour autrement entendre à caufe que la ligne taillée ne coupe point la ligne qui part du centre venant au point d'efloignement. a droits angles

DES

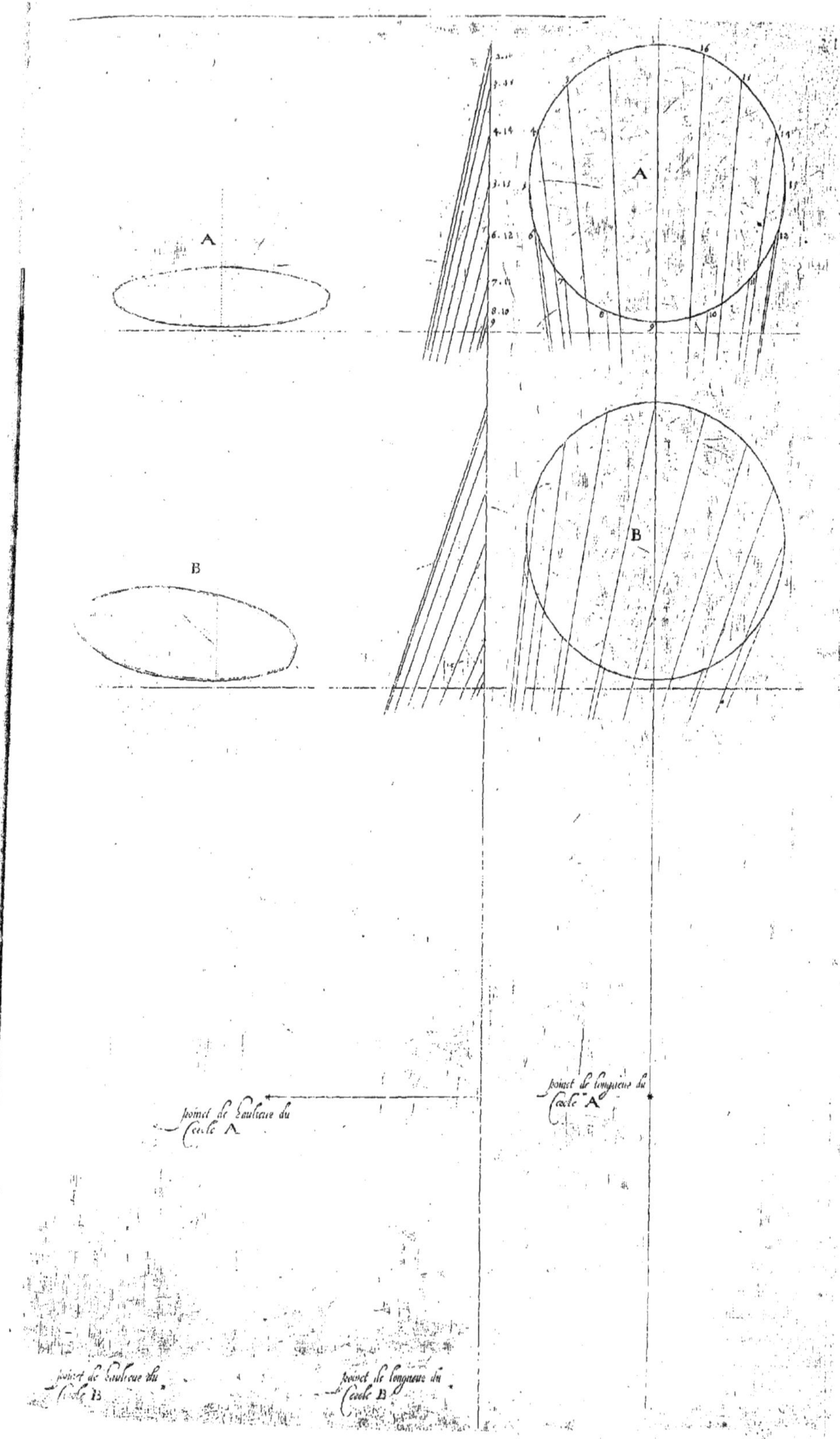
A
B
A
B
poinct de l'haulteur du
cercle A
poinct de longueur du
cercle A
poinct de l'haulteur du
cercle B
poinct de longueur du
cercle B

POVR METTRE VN CVBE EN RACOVRCISSEMENT.

Chapitre huictiesme.

LA façon de mettre les corps solides en racourçiſſement ſe faiɛ̃t par la meſme maniere comme les ſuperficies planes & faut dreſſer ſur la ligne de terre de l'Orthographie toutes les hauteurs de ce que l'on veult racourçit comme par exemple ſoit le plan ou Ignographie du cube A. B. C. D. & le poinɛ̃t d'eſloignement E. ſoyent tirées les raiz viſuels dudiɛ̃t poinɛ̃t ain ſi qu'à eſté enſeigné par-cy deuant & pour faire l'Orthographie ſoit tirée la ligne de terre G. H. ſur laquelle faut poſer les poinɛ̃ts A. B. & C. D. pour le plan dudiɛ̃t cube & pour l'eſleuement faut dreſſer les lignes A. B. E. & C. D. F. puis tirer les raiz viſuels du poinɛ̃t de hauteur à tous les angles de l'Orthographie apres le racourçiſſement ſera faiɛ̃t en ceſte façon ſoient tirées deux lignes I. L. & M. N. ſe croyſans, à droiɛ̃ts angles faut poſer ſur M. N. toutes les largeurs qui ſont ſur la ligne taillée de l'Ignographie, puis ſur I. L. toutes les hauteurs de la ligne taillée de l'Orthographie, puis faut tirer toutes les lignes occultes du plan dudiɛ̃t cube comme ſi c'eſtoit vng quarré apres faut eſleuer les lignes perpendiculaires à la hauteur marquée ſur la ligne taillée de l'Orthographie la figure en donnera l'intelligence facile.

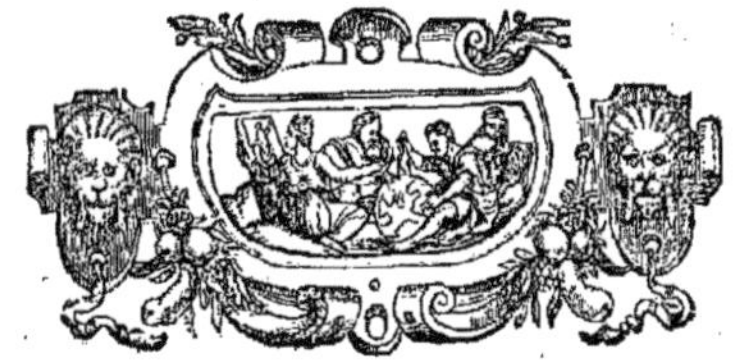

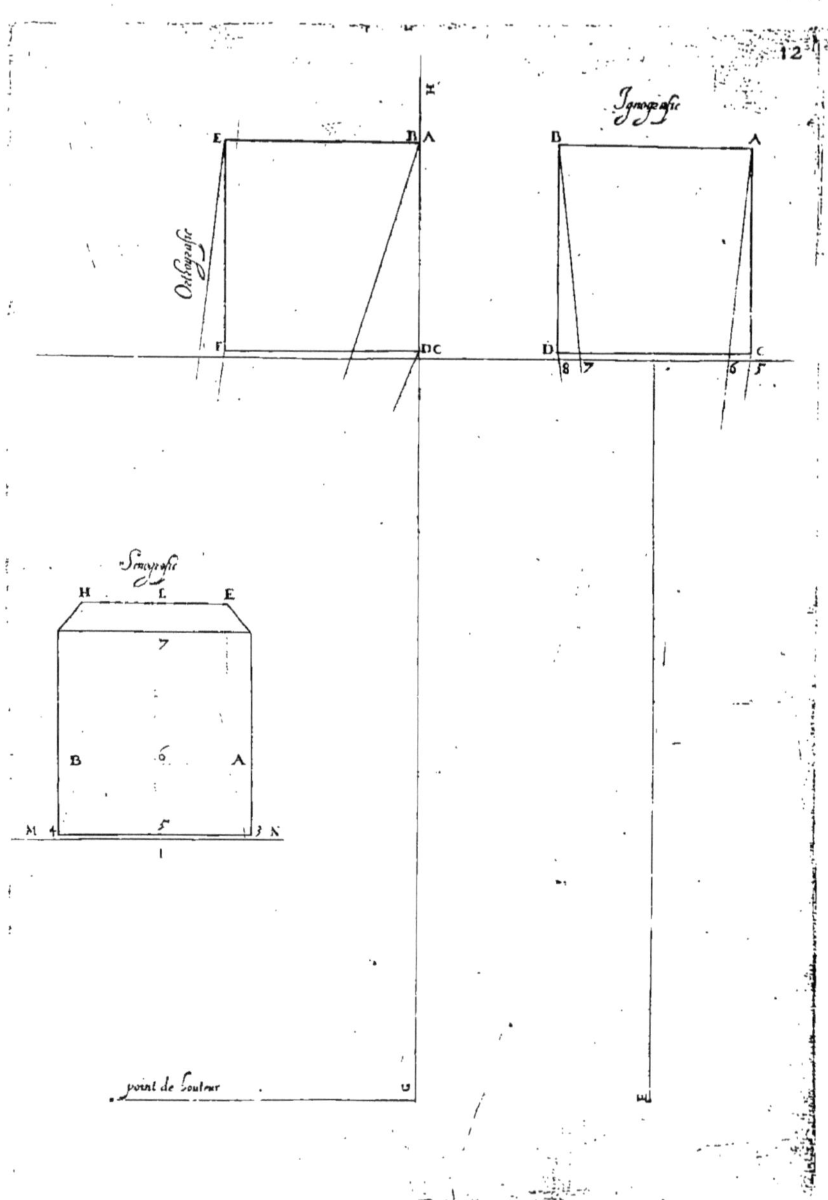

Ignografie
Orthografie
Scenografie
point de souteur
H
E B A
B A
F D C D 8 7 6 5
H I E
7
B 6 A
M 4 5 3 N
1
G

POVR METTRE VN CVBE EN RACOVRCIS-

SEMENT DVQVEL VN DES ANGLES SERA TOVRNE VERS LA VEVE.

Chapitre nœufuiefme.

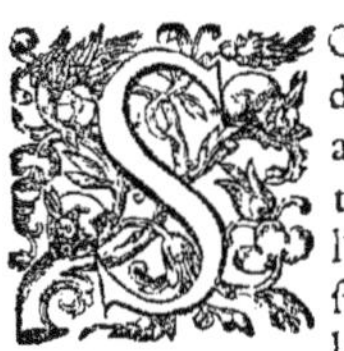

Oit le plan ou Ignographie marqué A. B. C. D. & le poinct defloignement E. & tirez les rays vifuels de chacun angle au poinct E. puis faut faire l'Ortographie fur la ligne de terre A F & prenes la diftance depuis la ligne taillée de l'Ignographie iufques au poinct A & poferez la mefme diftance depuis ladicte ligne taillée au poincts A E. & tirez la ligne A E qui eft le hauteur dudict cube, puis prenez encores les autres diftances femblables & les pofez en ladicte Ortographie, & tirez la ligne E H qui eft le diametre dudict cube, apres tirez les rays vifuels & faictes le raport des lignes au racourçiffement.

POVR METTRE VN CVBE EN RACOVRCIS-

SEMENT VEV OBLIQVEMENT.

Chapitre dixiefme.

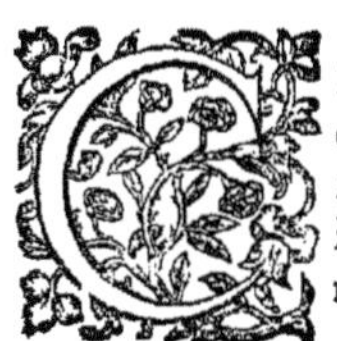

E prefent racourçiffement fe fera fuiuant les raifons fufdictes, & comme a efte enfeigné au cincquiefme Chap. à mettre vne fuperficie plané quarrée en racourçiffement car il ny à icy que la hauteur d'auantage qui fe fera par les mefmes raifons.

POVR

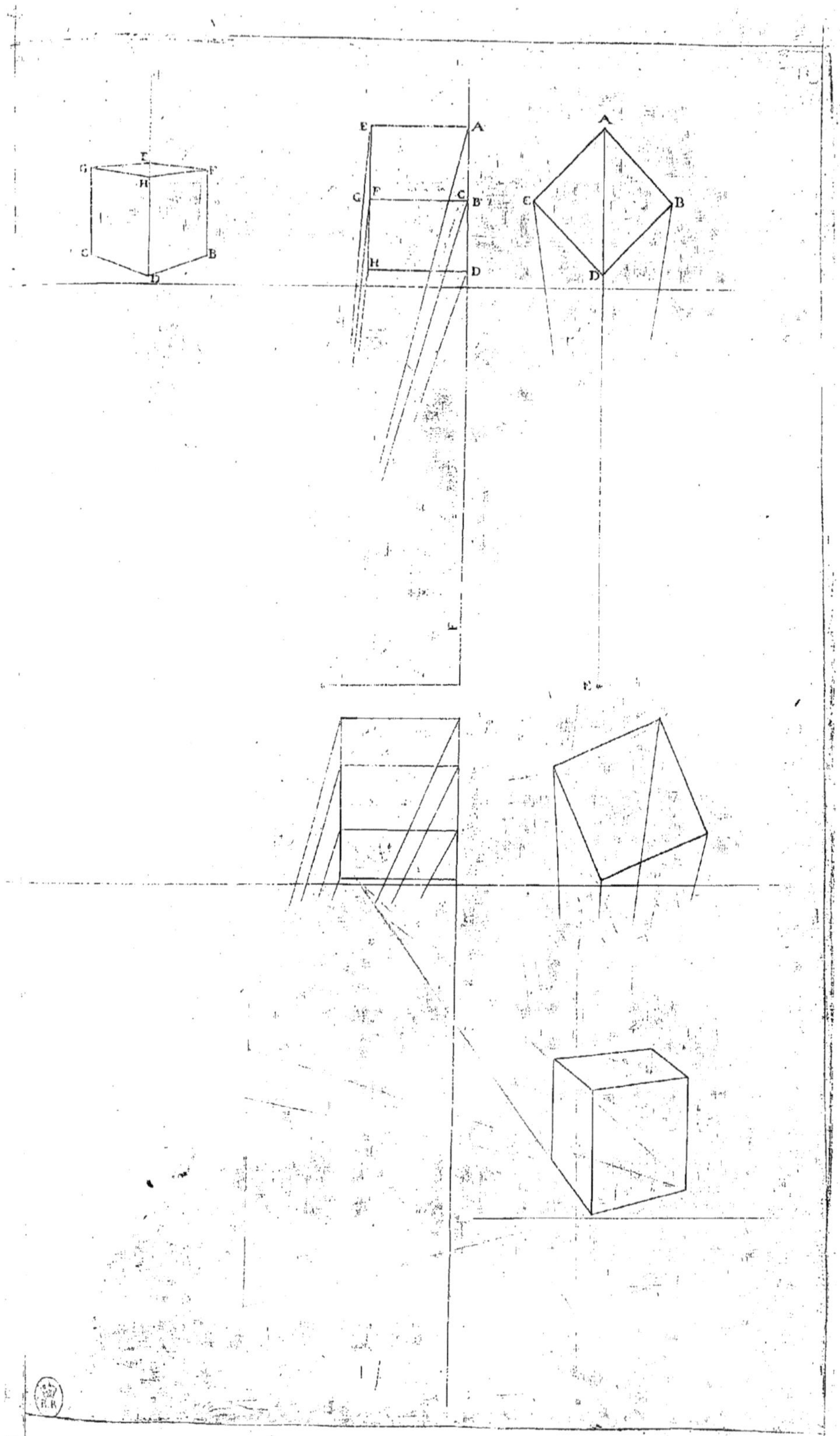
G
F
H
C
B
D
E
A
F
G
C
B
H
D
A
C
B
D

Chapitre onziesme.

E plan ou Ignographie d'vn cube dreſſé ſur la poinĉte, eſt de figure Exagone comme il ſe peut voir par la conſtruc-tion & du centre dudiĉt Exagone ſoit tiré des lignes à chacun angle, alors le trapere A. B. C. D. ſera le plan d'vn des coſtez du cube d'ont l'angle B. ſera l'angle de deſſus, le trapere A. E. H. D. ſera le plan du ſecond co-ſté d'ont le poinĉt H. qui eſt commun auec le poinĉt F. ſera le poinĉt de l'angle de deſſoubs. Le trapere H G C D ſera le plan du troiſieſme coſté, ainſi les autres traperes ſeront les plans des autres coſtez, or pour faire l'Ortographie faut tirér des lignes pararelles à la ligne taillée de tous les angles de l'Ignographie ſur la ligne de terre de l'Ortographie, & ſur leſdiĉts poinĉts faut eſleuer chacun angle perpendiculaire ſur ladiĉte li-gne, comme il ſe peult comprendre en eſtudiant ſur la figure & le tranſport ou racourçiſſement ſe fera comme les precedentes.

POVR

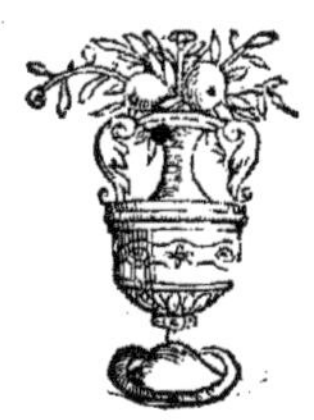

Chapitre onziefme.

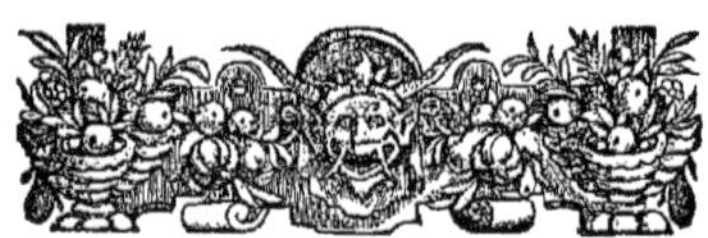

L E plan ou Ignographie d'vn cube dreſſé ſur la poincte, eſt de figure Exagone comme il ſe peut voir par la conſtruction & du centre dudict Exagone ſoit tiré des lignes à chacun angle, alors le trapere A. B. C. D. ſera le plan d'vn des coſtez du cube d'ont l'angle B. ſera l'angle de deſſus, le trapere A. E. H. D. ſera le plan du ſecond coſté d'ont le poinct H. qui eſt commun auec le poinct F. ſera le poinct de l'angle de deſſoubs. Le trapere H G C D ſera le plan du troiſieſme coſté, ainſi les autres traperes ſeront les plans des autres coſtez, or pour faire l'Ortographie faut tirér des lignes pararelles à la ligne taillée de tous les angles de l'Ignographie ſur la ligne de terre de l'Ortographie, & ſur leſdicts poincts faut eſleuer chacun angle perpendiculaire ſur ladicte ligne, comme il ſe peult comprendre en eſtudiant ſur la figure & le tranſport ou racourçiſſement ſe fera comme les precedentes.

POVR

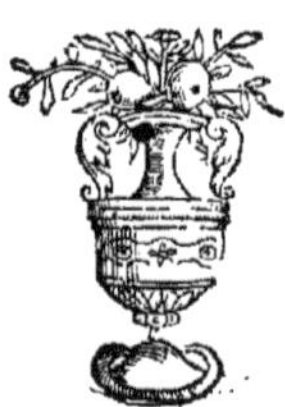

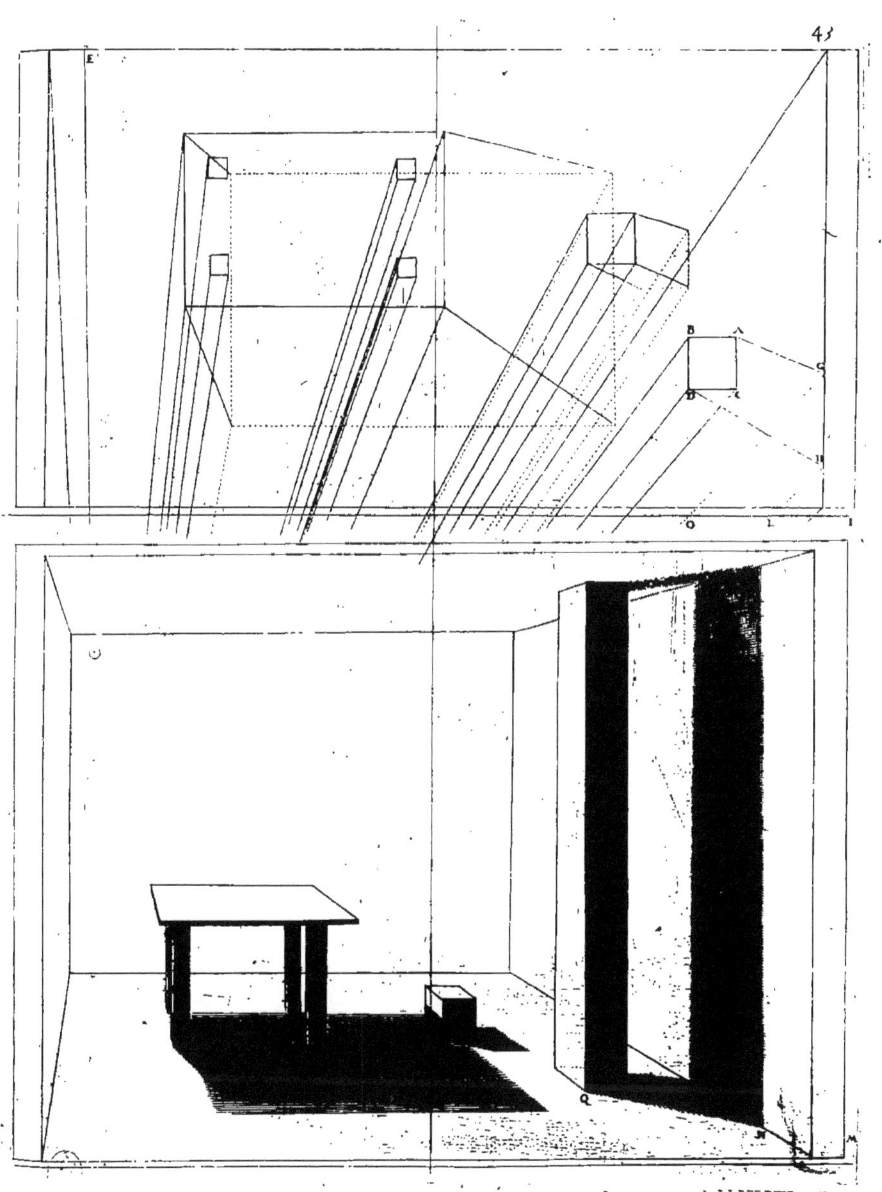

POVR METTRE DEVX PILLIERS QVI SOV-

STIENNENT VNE TABLETTE EN RACOVR-
CISSEMENT AVEC LEVRS OMBRES.

Chapitre cincquiefme.

Oyent faiĉts les plans de l'Ortographie & Ignographie, & que le racourçiſſement ſoyt auſſi faiĉt tout pres pour y apoſer l'ombre, apres faudra encores faire deux ſemblables plans auſquels l'on tirera les rays de lumiere des poinĉts de lumiere d'hauteur & de longeur, leſquels rays donneront tous contre la muraille derriere les pilliers, apres ſoyt tiré de chacun angle de ladiĉte muraille des rays viſuels leſquels feront mis en racourçiſſement en la perſpeĉtiue en ceſte forte ſoyt prins la hauteur du ray viſuel G. en la ligne taillée tant en l'Ortographie qu'en l'Ignographie lequel ſera raporté au racourçiſſemēt au poinĉt G. ſoyt apres prins le poinĉt N en l'Ortographie, & raporté lediĉt poinĉt perpendiculaire ſoubs G. car tout ce qui eſt à droiĉts angles ſur la ligne de terre rend ſon ombre perpendiculaire contre vne muraille, apres ſoyt prins la diſtance du ray viſuel M. en l'Ignographie qui fera raporté à la meſme hauteur de N. au racourçiſſement au poinĉt M. ſoyt apres prins la diſtance H. I. qui eſt l'ombre des pilliers contre la muraille & auſſi L M. qui eſt l'ombre de l'auttre pillier, leſquels ombres faut tirer en bas iuſques contre terre, & les tirer apres des poinĉts qu'ils atouchent la terre iuſques aux diĉts pilliers, ainſi aurez l'ombre des deux pilliers & de la tablette, & ceſte demonſtracion feruira pour aprendre à rendre l'ombre aux colomnes ayant leur architraues friſes & corniches, comme fera demonſtré par cy apres.

POVR

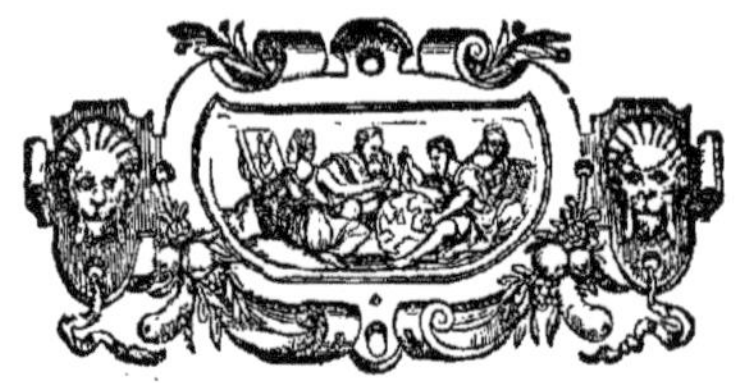

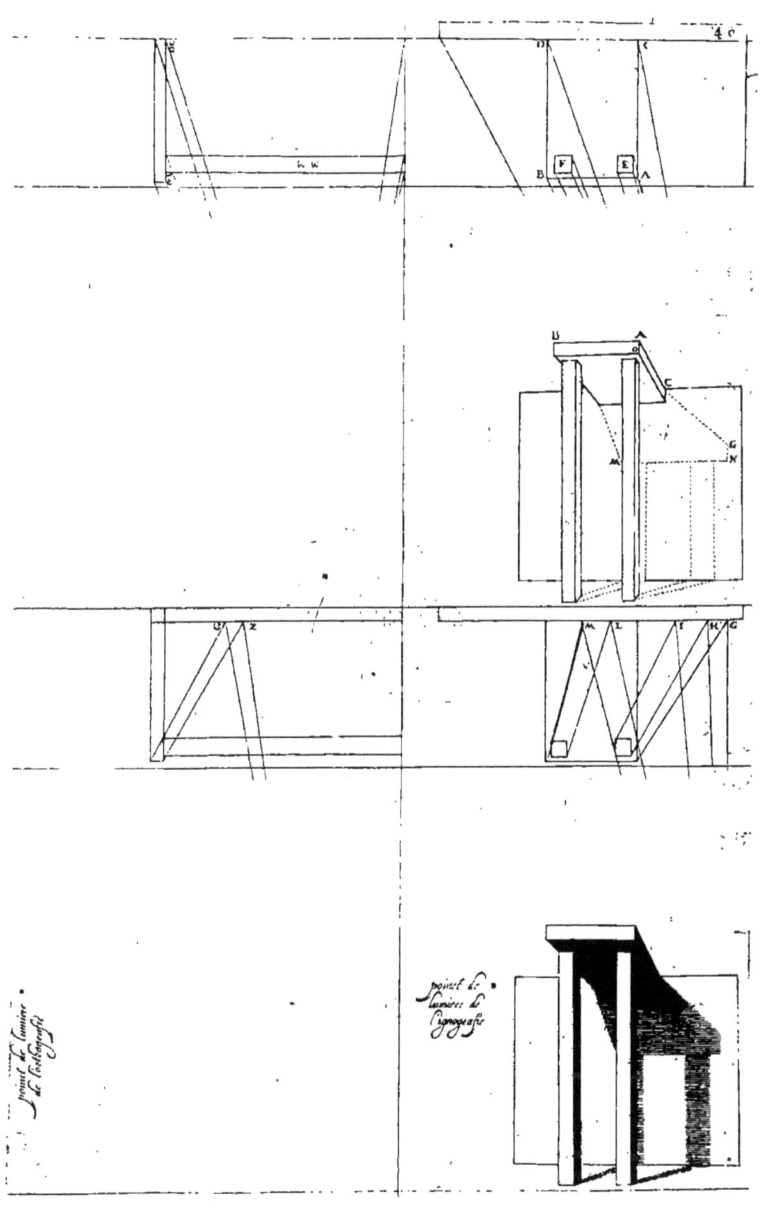

4 0
poinct de lumiere de l'orthographie
poinct de lumieres de l'ignographie

POVR METTRE VN CVBE SVR VNE TA-

BLETTE EN RACOVRCISSEMENT AVEC L'OMBRE

TANT DV CVBE QVE DE LA TABLETTE.

Chapitre sixiesme.

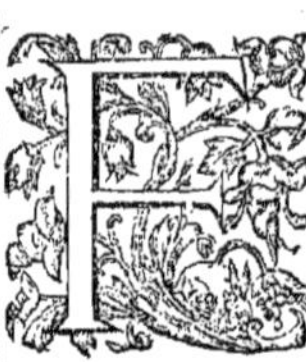

Aut faire le plan du cube sur la tablette dans vne chambre (à celle fin de demonstrer comme les ombres se doibuent faire contre les murailles d'vne chambre) & quand
le tout sera mis en racourçissement. Soyt posé les poincts
de lumiere en l'Ignographie & Ortographie A & B apres
soyent tirés les rays de lumiere premierement en l'Ortographie des angles du cube & de la tablette ainsi l'angle
du cube C donnera contre la muraille au poinct 3. & l'angle marqué D
donnera au poinct 4. l'angle marque E. donnera au poinct occulte 5. derriere le cube, faut raporter tous lesdicts poincts au racourçissement & ou le
ray de lumiere coupe la tablette au poinct G il faut tirer vn ray visuel & le
raporter au racourçissement & tirer vne perpendiculaire iusques contre la
terre au poinct H. du racourçissement & pareillement du poinct 3. faudra
tirer en bas vne perpendiculaire iusques sur la terre au poinct 1. & tirer les
lignes occultes F.G.H.I. 3. 4. 5. puis faire l'ombre comme il se peut voir en
la figure. Or d'autant que l'angle du cube L. n'est posé sur la tablette, il iet-
tera son ombre contre vn des costez de ladicte tablette, il faudra tirer les
rays de lumiere dudict angle audict costé en l'vn & à l'autre plan, & en faire le raport au racourçissement au poinct M. apres faut faire l'ombre sur la tablette.

POVR

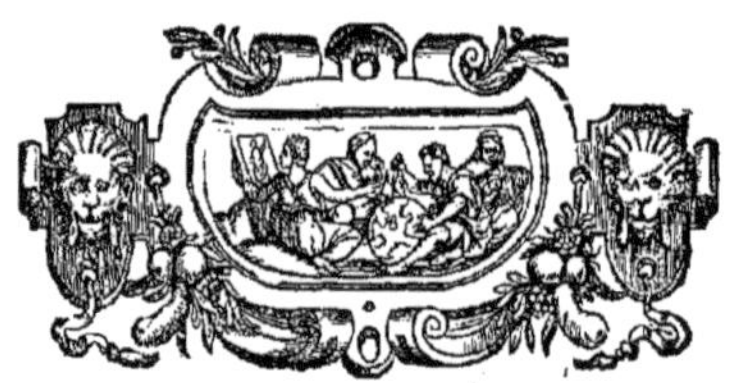

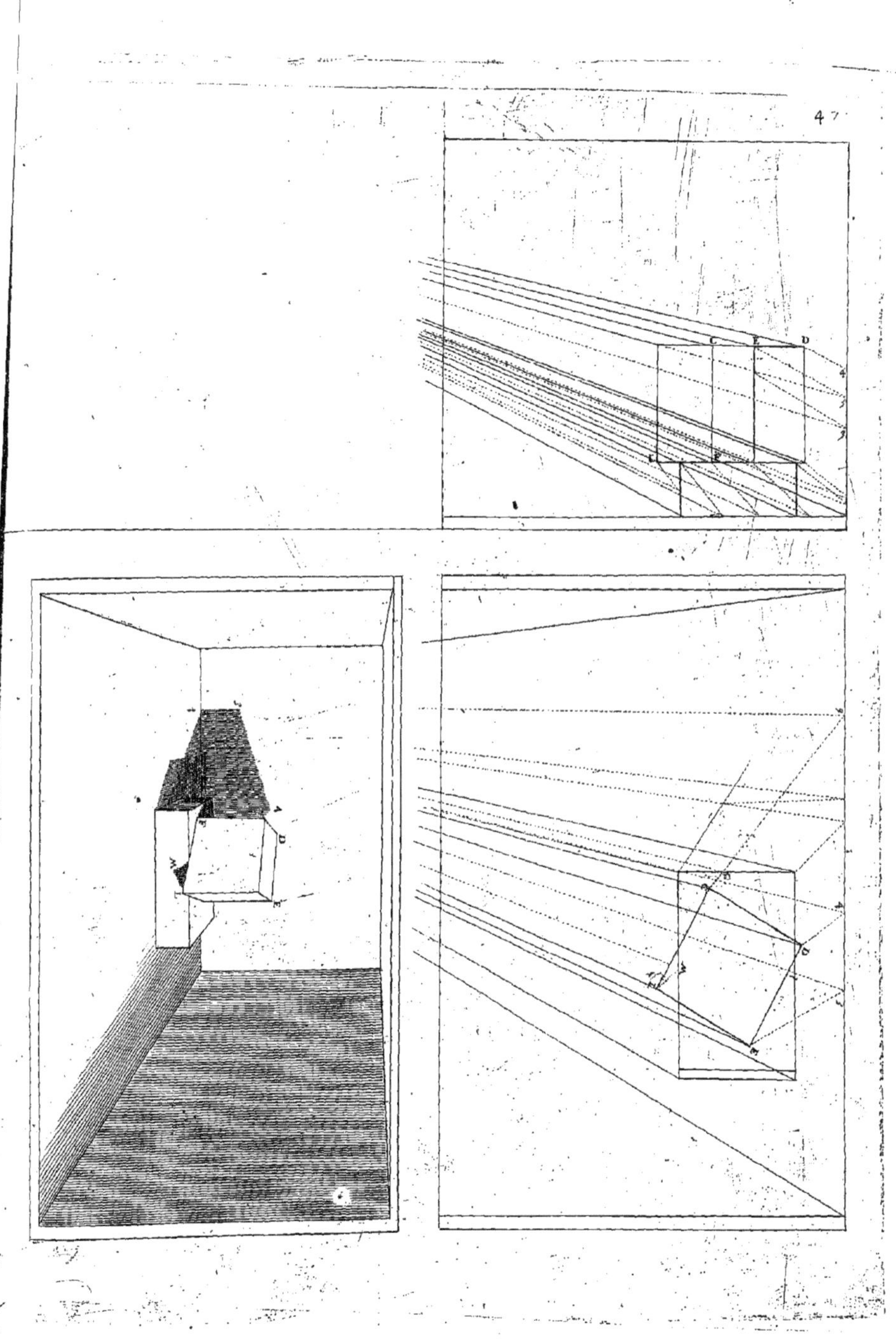

POVR METTRE VNE CROIS EN RACOVR-
CISSEMENT AVEC SON OMBRE,

Chapitre septiesme.

Oyent les deux plans de la crois faicts laquelle sera plantée sur deux degrez ou tablettes & faudra en faire le racourçissement premier que faire les ombres, apres soyent faicts deux semblables plans pour apofer l'ombre, & foyt le poinct de lumiere d'hauteur M. & celuy de longeur N. foyt apres desdicts poincts tirées tous les rays de lumiere de chacun angle de la figure de l'Ortographie iusques à la ligne de terre, apres soyent tirées les lignes ocultes paralelles à la ligne taillée en telle maniere que la ligne oculte partant du poinct F. qui est le rayon des angles A B. fe viendra ioindre aux rays partans des mesmes angles de l'Ignographie lefquels fe ioignent aux poincts E G alors l'on tirera les rayons visuels desdicts poincts E G du poinct d'eflognement & auffi celuy du poinct F au poinct d'hauteur, & faudra raporter lesdicts poincts au racourçiffement E G & apres faut tirer des angles C D tant de l'Ortographie comme de l'Ignographie les rays tant de lumiere que visuels, & les raporter encores en la mefme façon comme les fufdicts & apres les mettre encores au racourçiffement, apres faudra en faire autant des autres angles du trauers de la Crois & les raporter en la mefme façon, & d'autant que les degrez font efleuez & que l'ombre de l'arbre droict de la Crois bat fur iceux faut tirer à A. C. de l'Ignographie deux lignes ocultes paralelles iufques à l'efleuation du degré en l'Ortographie & du poinct de ladicte efleuation l'on tirera les rays visuels & les faudra encores raporter au racourçiffement, & ainfi faire iufques à l'acheuement.

POVR

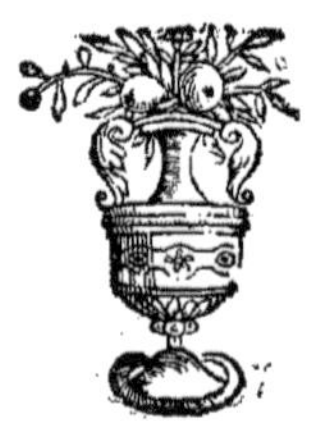

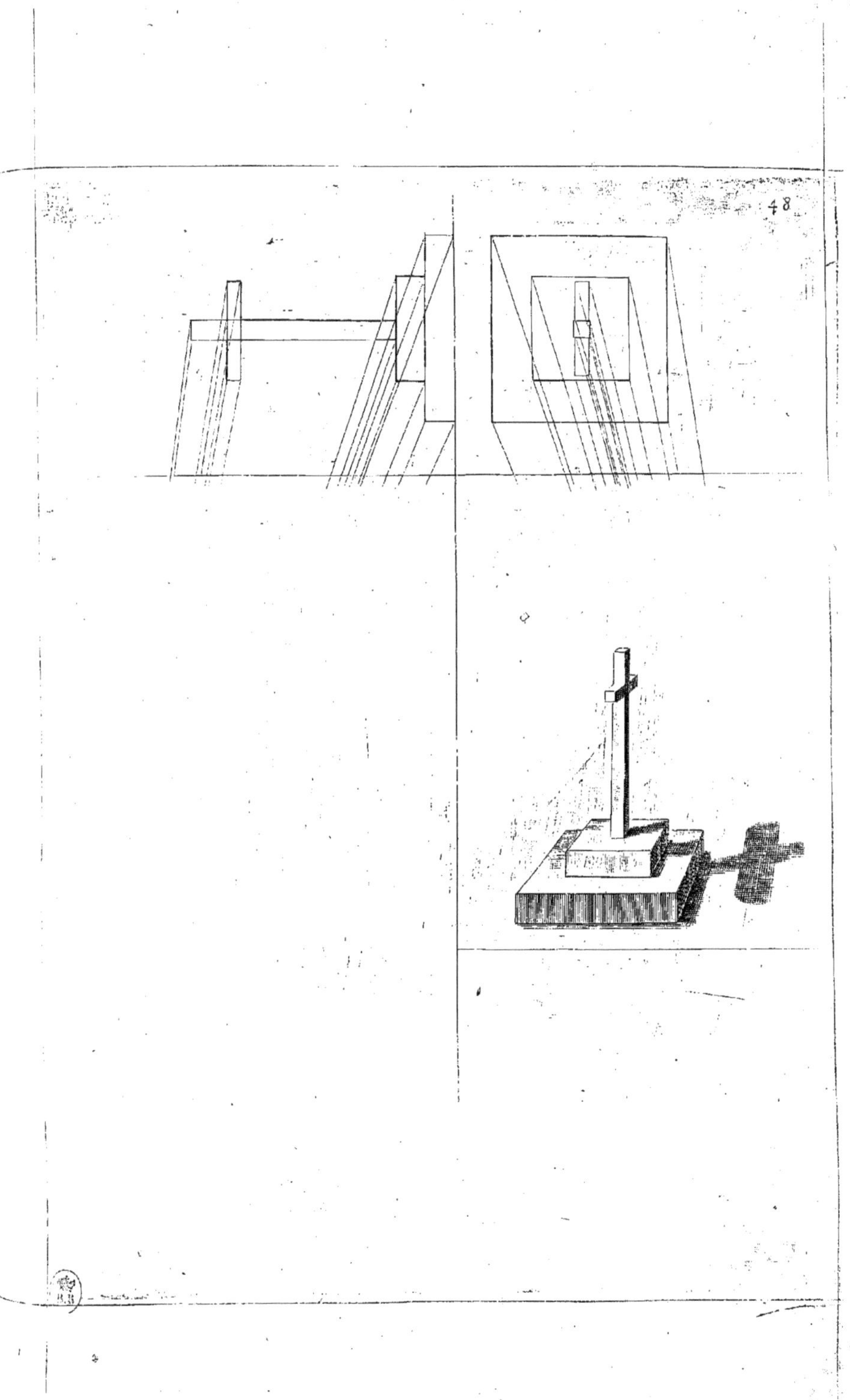

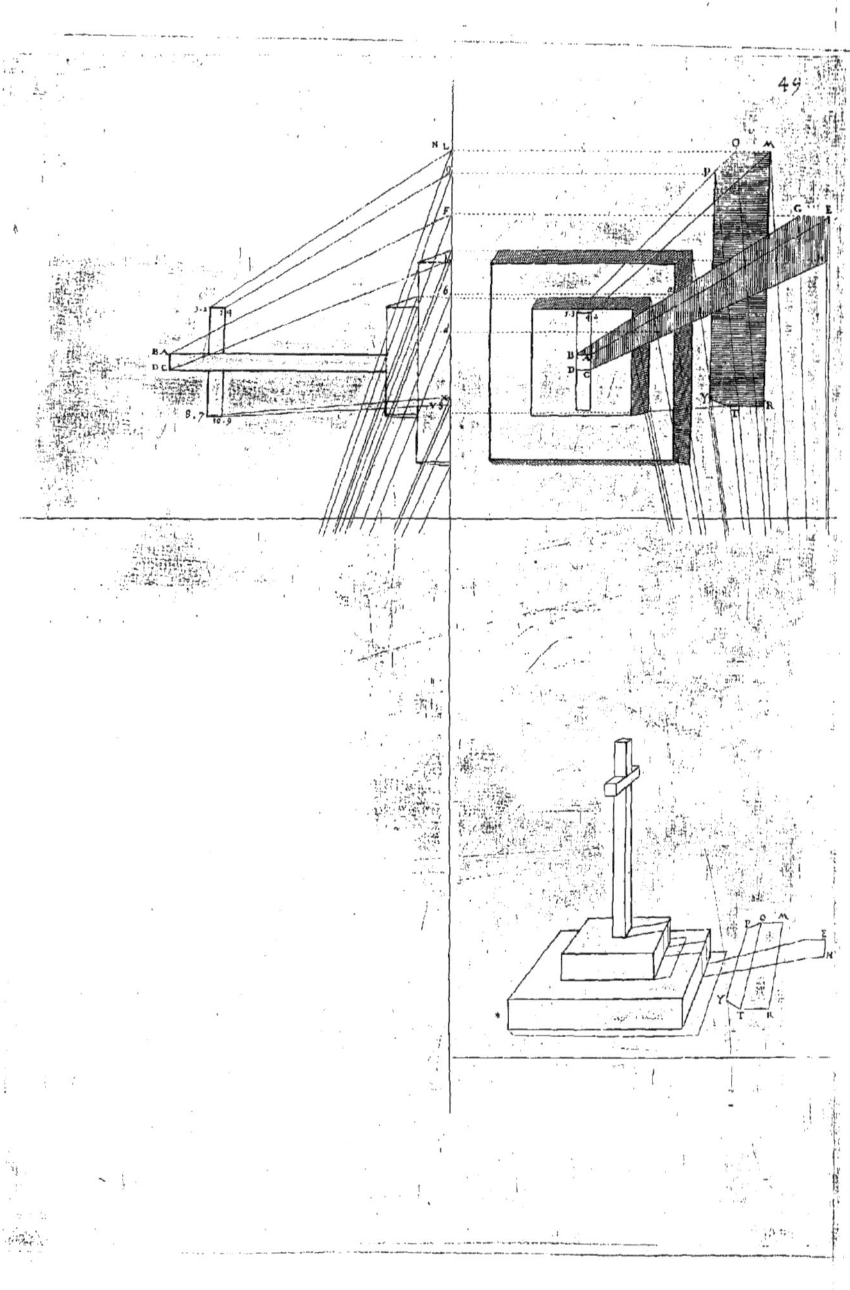

N L
O M
P
F
G E
6
B A
D C
3 H
B A
D C
B. 7
Y
T R
P O M
Σ
H
Y
T R

POVR PEINDRE CONTRE LA MVRAILLE

D'VNE CHAMBRE VNE CONTINVATION DE LA-
DICTE CHAMBRE AVEC AVCVNES FIGVRES,
ET AVSSI POSER LES OMBRES A TOVT
CE QVI EST PEINT DANS LADICTE
CHAMBRE.

Chapitre huictiefme.

A grande quantité de peintures mal ordonnées tant pour le poinct de veüe que pour l'ombre me faict donner icy aucuns enfeignements pour acommoder ce que l'on voudra peindre à reprefenter naturellement la chofe que l'on defire, premierement il faut noter fuyuant le quatriefme Teorefme que les chofes qui font au deffoubs de l'orizon fe voyent par le deffus tellement qu'il y à plufieurs tableaux & mefmement des murailles ou font reprefentées des tables, pauements & autres chofes femblables qui fe doibuent voir par le deffus & doibuent eftre au deffoubs de l'orizon neaumoints la plus part defdictes peintures font efleuées fi haut que lefdictes tables & pauements font au deffus de l'orizon ce qui eft contraire à la nature & mefmement l'on y voirra à aucuns des anges ou figures hautes efleuées en l'air qui font faictes comme cy c'eftoyt pour les voir de haut en bas, c'eft pourquoy fi l'on defire d'acommoder aucunes peintures felon le poinct de veüe il faut neceffairement que ladicte peinture foyt auffi bas que le niueau de la terre ou de la chambre ou elle doibt eftre & faire le poinct de veüe inftement de la hauteur de l'œil viron cinc pieds & demy ou fix pieds & tirer toutes les lignes felon les reigles de la perfpectiue audict poinct comme ie donneray icy vne exemple. Soyt vne muraille d'vne chambre longe de 22. pieds & haute de 14. contre laquelle ie defire peindre vne continuacion de ladicte Chambre auec quelques figures dedans, premierement faut faire les plans de la dicte chambre & de tout ce que l'on defire qui foyt dedans & en faire le racourciffement fuyuant comme il fe peut voir aux figures defdicts plans ou i'ay mis deux figures qui fe promenent & vne affife pres du feu tenant vn liure en fa main & vne table & vn lict, quand le tout fera mis en racourciffement, fi defirez y apofer l'ombre il faudra faire deux autres plans & faire le poinct de lumiere à l'vne des feneftres s'il y en auoit vne naturelle en ladicte chambre du mefme cofté de la muraille peinte, finon prendre ladicte lumiere d'vne autre feneftre de l'autre cofté de ladicte peinture & dudict poinct de lumiere tirer tous les rays de lumiere, lefquels faudra mettre en racourciffement comme à efte enfeigne, & quand aux ombres des figures il fuffit de tirer trois ou quatre rays aux extremitées de leur corps iufques en terre pour fçauoir au peu pres ou ladicte ombre donne, car l'on ne peut faire l'ombre à des corps compofées des lignes courbes (comme font des figures des perfonnages) fi exactement comme à des figures compofées de lignes droictes, ie n'ay voulu embrouiller la figure de lettres pour en donner la demonftration fur les plans lefquels fufiront auec ce qui à efté enfeigné au precedent pour entendre le tout.

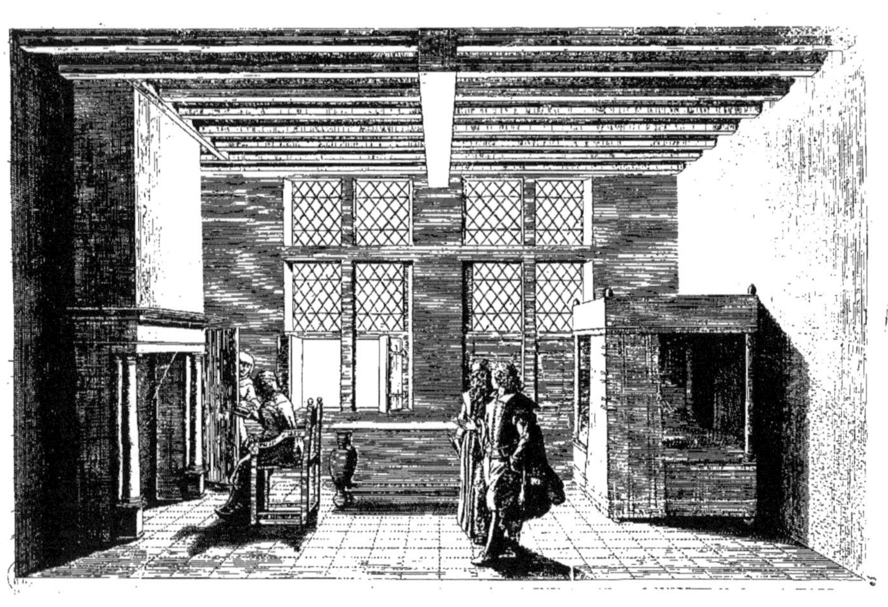

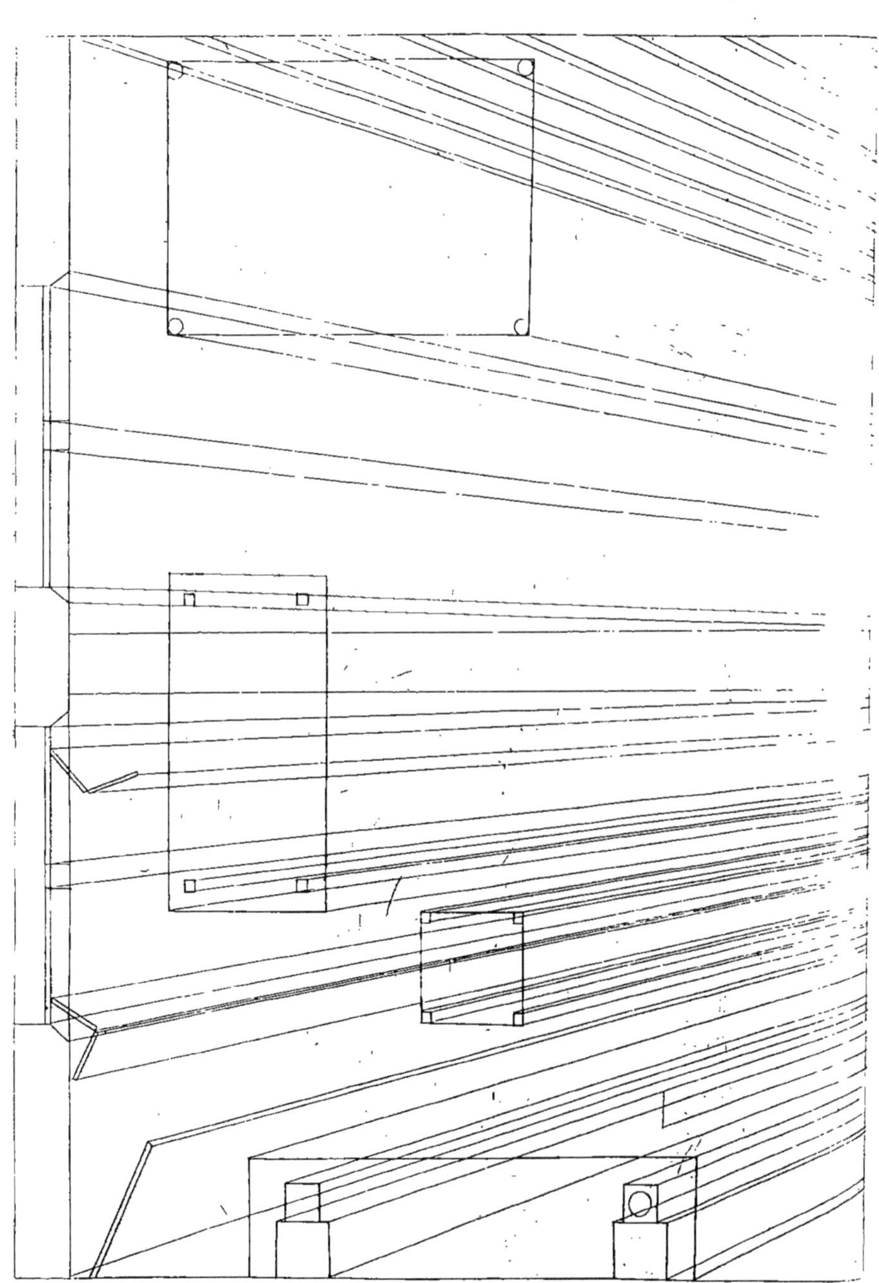

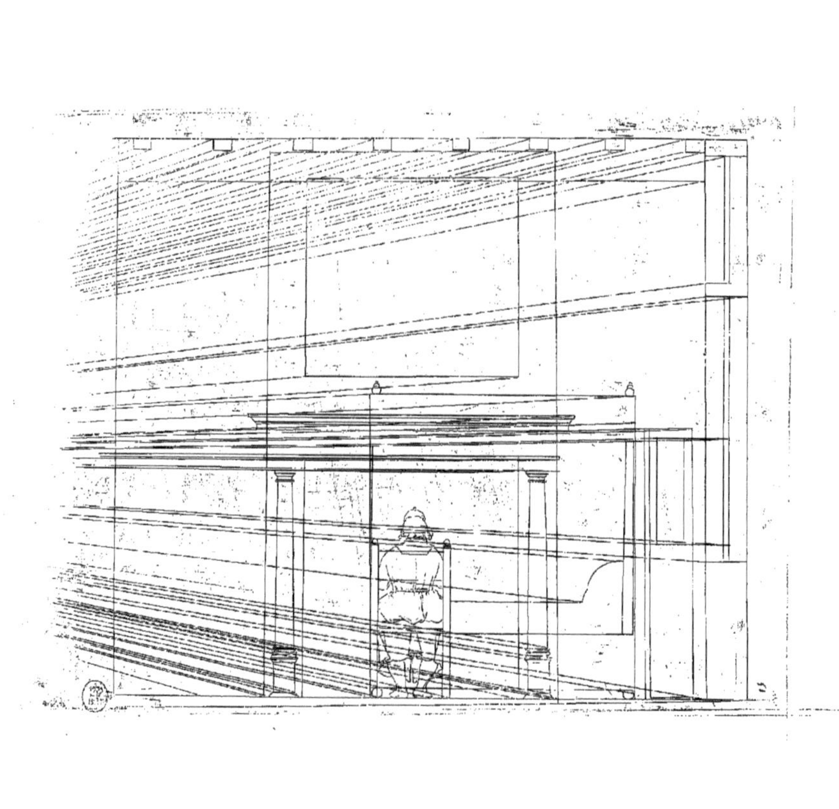

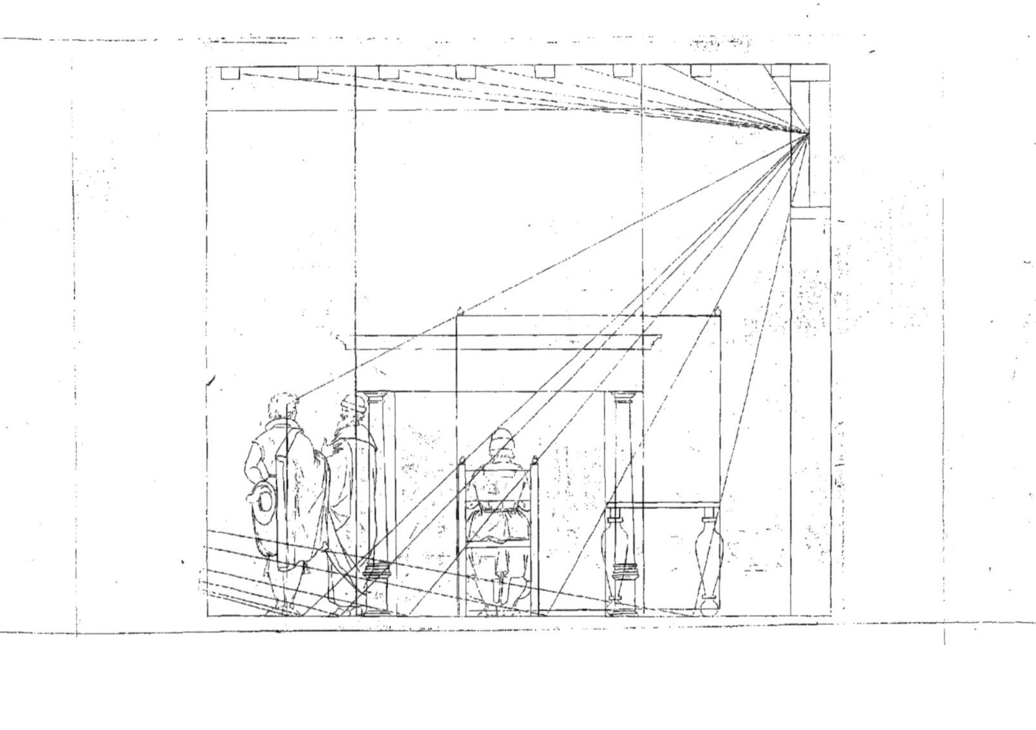

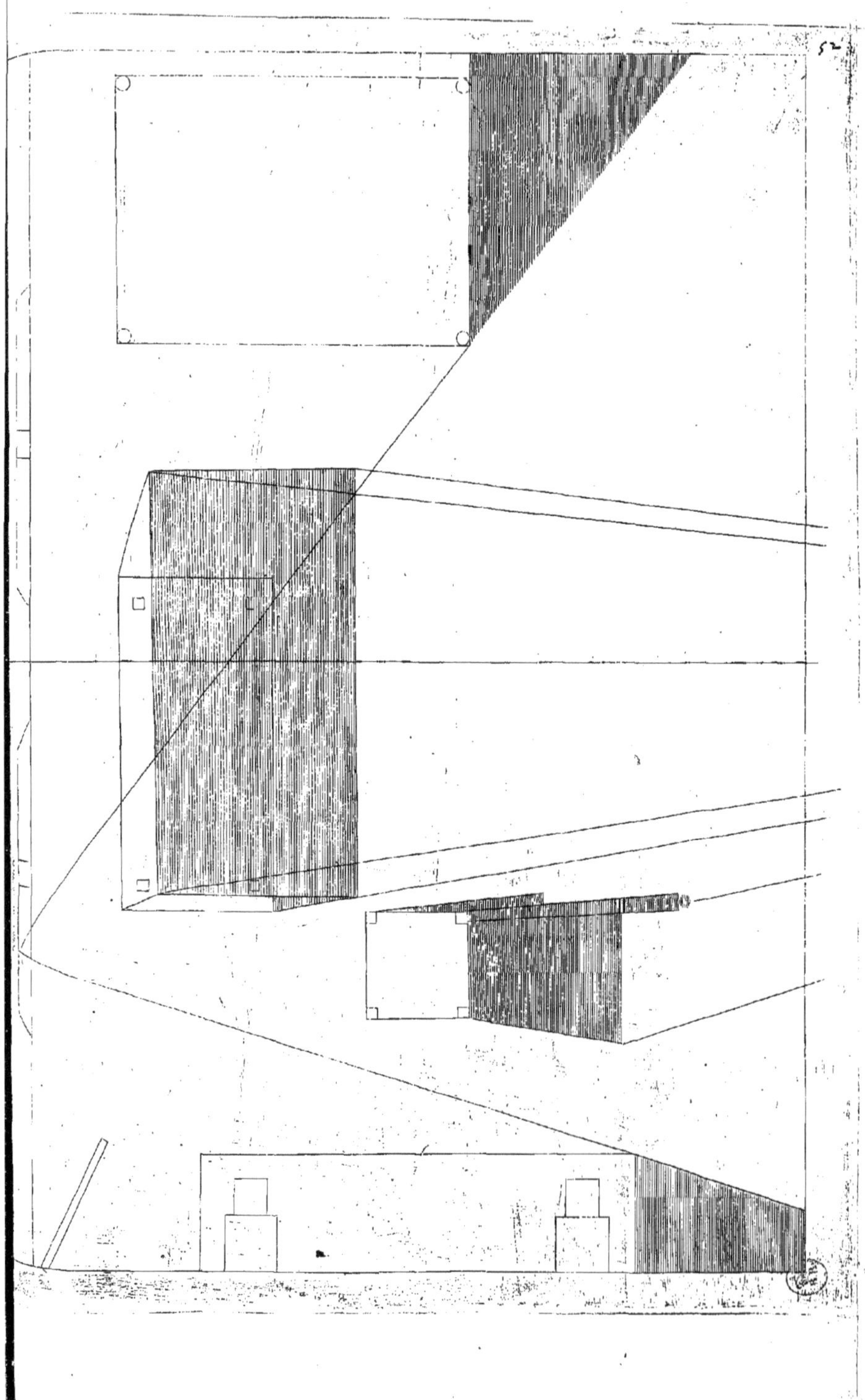

POVR METTRE VN FRONTISPICE EN RA-COVRCISSEMENT AVEC SON OMBRE.

Chapitre nœufuiesme.

S c'estoit que l'on euſt vne grande muraille de galerie ou ſalle à peindre de cinquante ou ſoiſante pieds de long contre laquelle l'on deſire auoir quelque hiſtoire depeinte en pluſieurs parties il ſera bon qu'entre leſdictes parties il y euſt quelque Architecture de colonnes pour faire la ſeparacion des tableaux, i'en donneray icy vne exemple ou les colonnes auec les architraues friſes & corniches ſont repreſentées comme ſi elles eſtoyent naturelles auec leurs ombres & les peintures qui ſont dedans ſont faictes à plaiſir ſans eſtre aſſubiectis au poinct de veue tellement que le Frontiſpice repreſentera eſtre faict de marbre & les huict figures entre les colonnes ſçauoir les 4. d'enhaut repreſenteront les 4. ſaiſons de l'année , & les 4. d'enbas les 4. parties du iour ſeront peintes auſſi comme ſi elles eſtoyent de marbre ou de brouſe aux ſix places entre les colonnes ſera l'hiſtoire de Phaeton comme il demande la conduicte du Soleil à Apollon ſon Pere qui fut cauſe de ſa ruine, i'ay mis icy les deux plans des racourçiſſement & auſſi les deux plans des ombres, à celle fin que l'on puiſſe comprendre comme letout eſt faict le poinct de lumiere eſt poſé en deça du Frontiſpice c'eſt à dire entre l'oeil & la muraille. Il eſt beſoing de faire les peinctures deuant que de faire l'ombre des colonnes & apres faire que ladicte ombre puiſſe donner contre leſdictes peintures comme ſi c'eſtoyt l'ombre quand le Soleil luict, ſi letout eſt faict comme il conuient auec les raiſons icy demonſtrées ſans doubte ce ſera vn ouurage excellent , car tout ce qui eſt imité de la nature auec la raiſon ne peut eſtre autre.

POVR

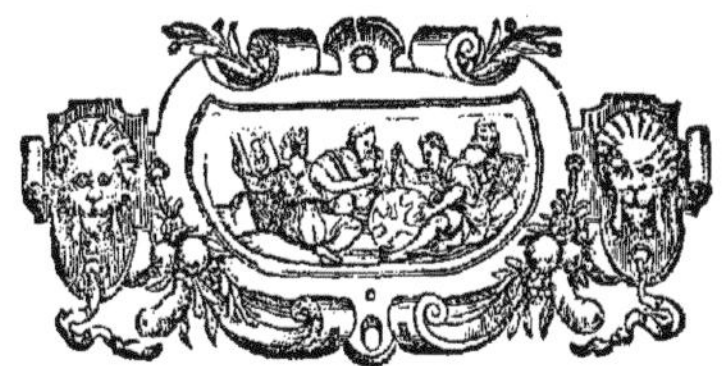

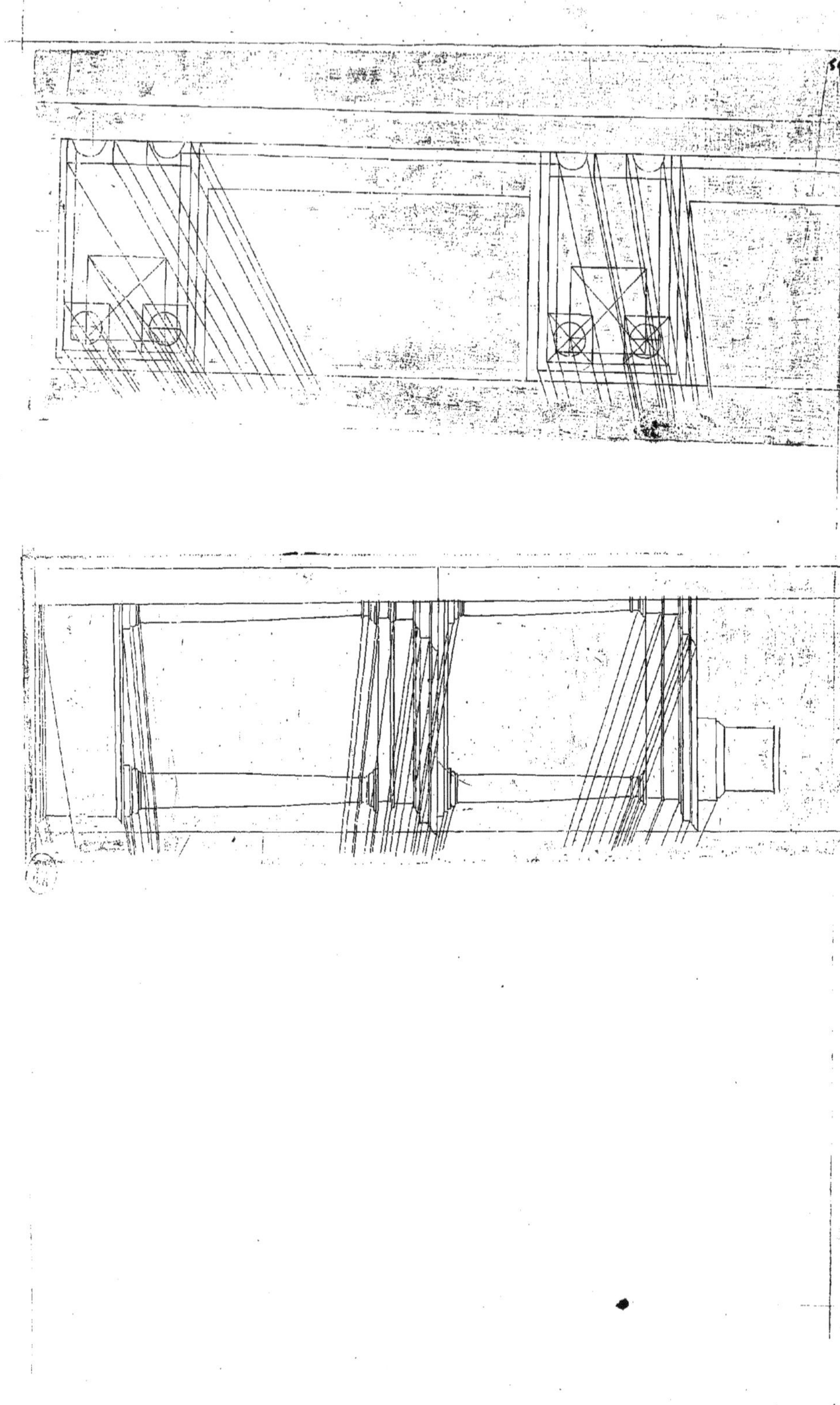

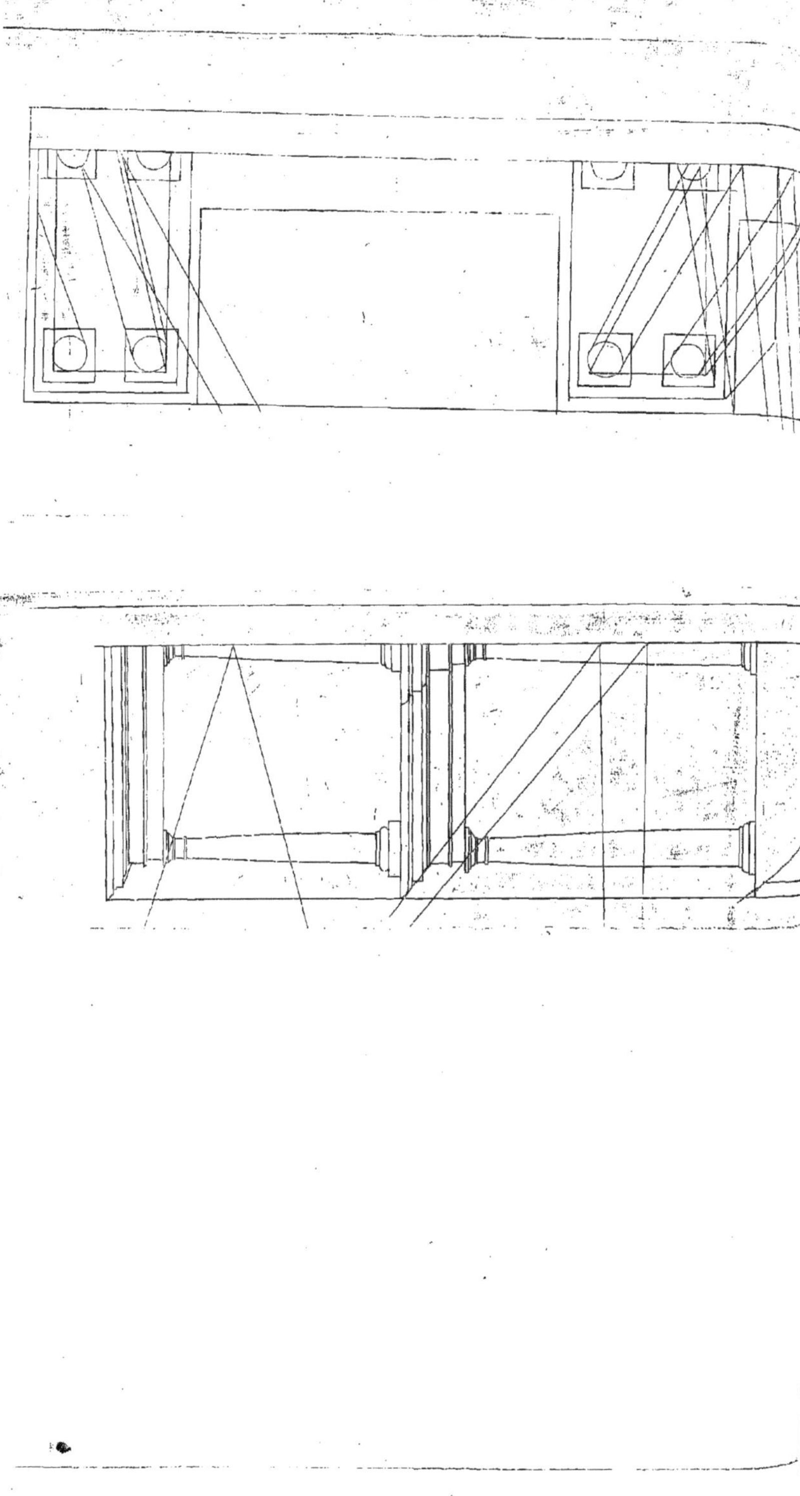

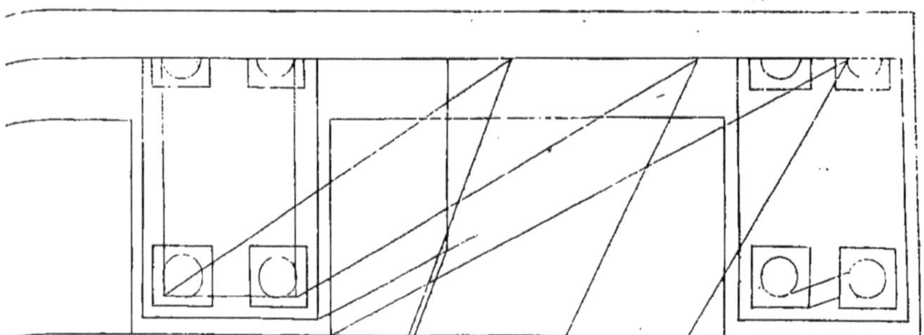

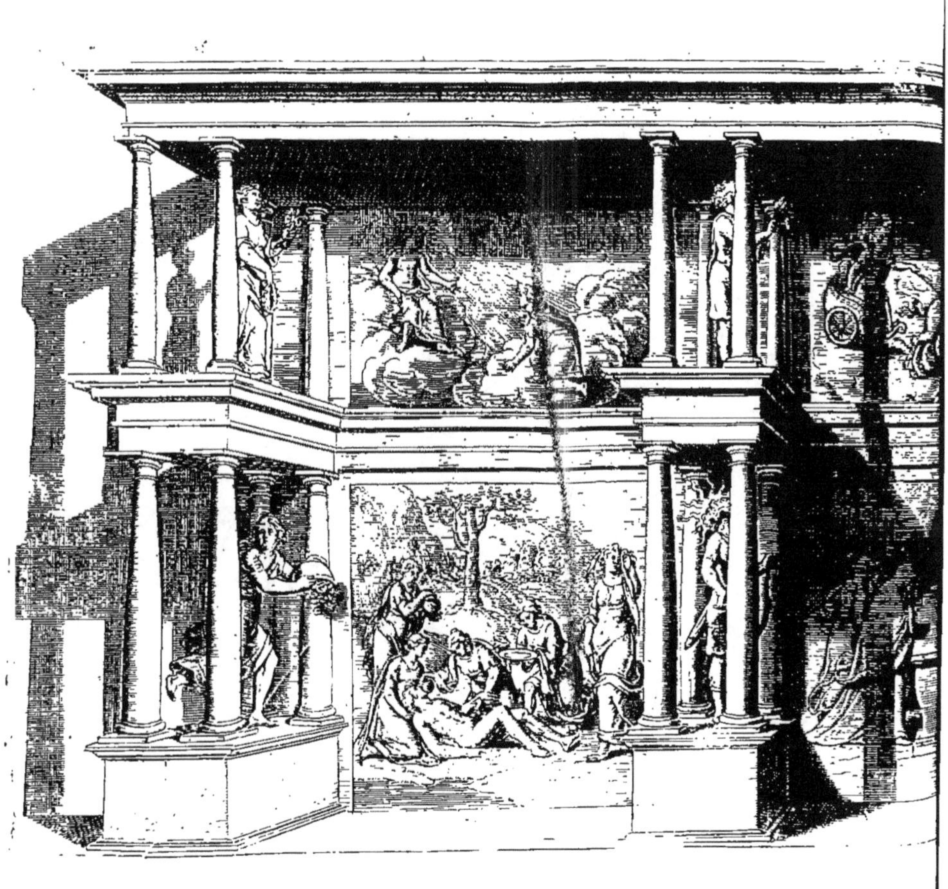

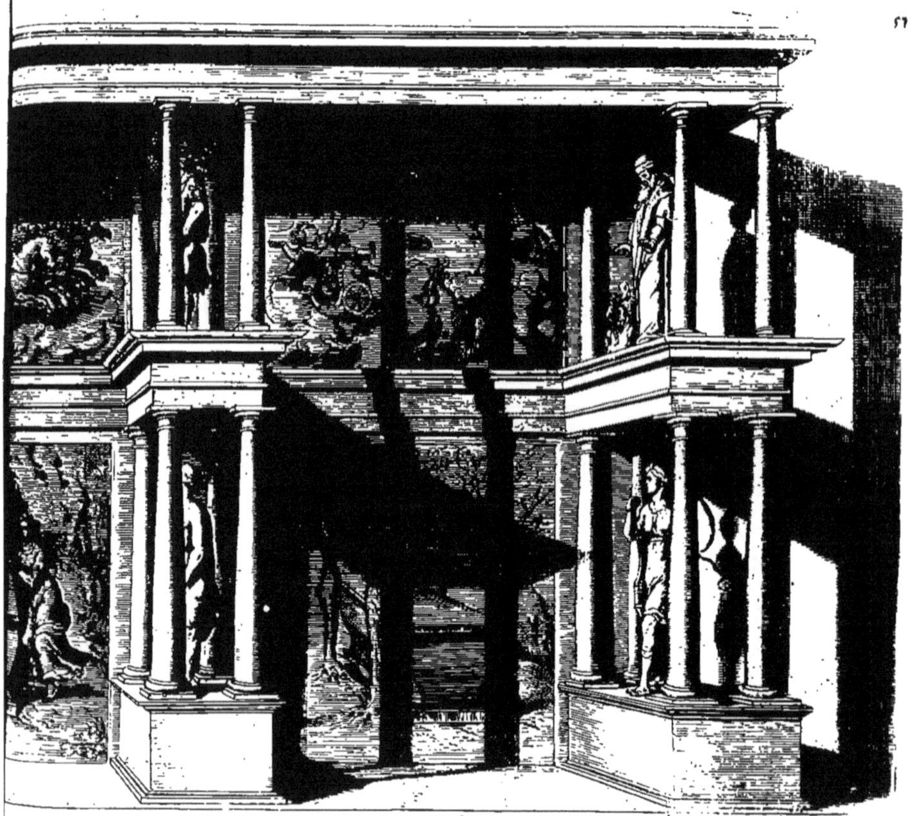

Chap. 10.

L a esté demonstré par cy deuant au Chap. 25. du premier liure, comme il fault mettre vn Iardin en racourcissement contre la muraille d'vn Iardin. Ceste presente proposition se fait en la mesme façon, tellement qu'il fauldra faire le plan en la mesme maniere comme est la galerie, & aussy long comme on veult que la galerie paroisse plus longue: & ceste maniere de peinture estant bien faite, l'on pourra peindre aulcunes figures dedans: comme si les vns se promenoient les aultres se iouront ensemble, de sorte que l'on y pourra peindre ce que l'on vouldra. Et si la peinture est bien faite, il semblera vrayement que la galerie sera beaucoup plus longue qu'elle n'est: & pour demonstrer comme ledit racourcissement doibt estre veu, i'ay aposé la petite figure à l'entrée de la galerie, & à l'aultre bout est le racour-cissement qui se leuera à droits angles sur le papier, alors estant veu du poinct de l'œil de la petite figure (qui se leuera aussy à droits angles) le pa-uement de la peinture semblera continu auec, aussy les fenestres & tout le reste auec le naturel de la galerie.

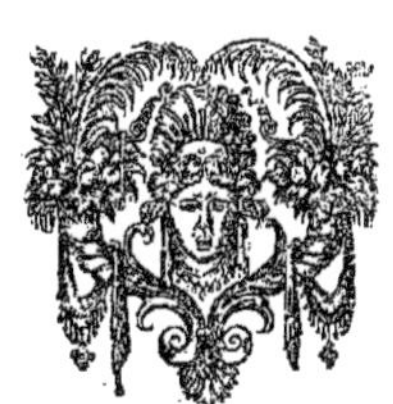

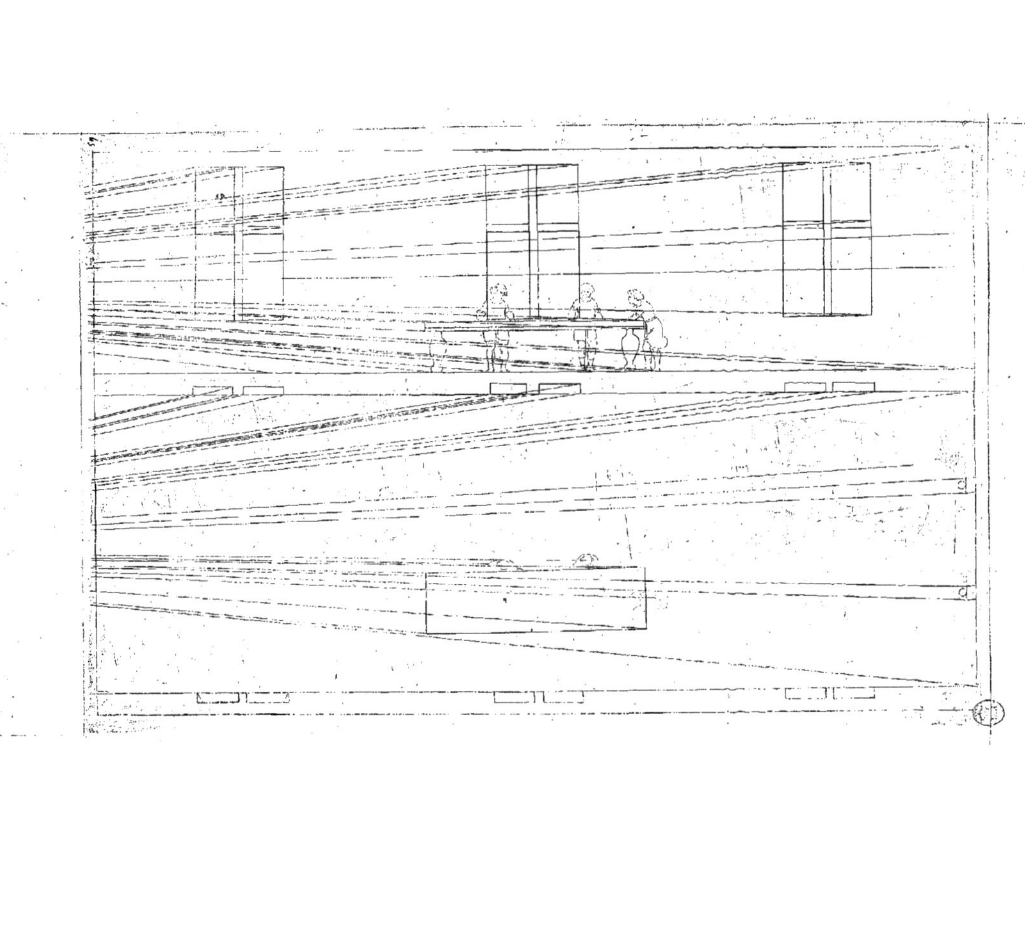

DES CHOSES QVI APA-
ROISSENT AVX MIROIRS PLANES,
& la raison de telles apparitions.

THEORESME I.

Ous Miroirs planes rapportent leurs obiects à l'œil en la mesme forme comme si la chose visible estoit aultant derriere ledit Miroir comme elle est deuant.

EXEMPLE.

SOit la chose visible A. B. le Miroir C. D. & le point de veue E. & pour sçauoir de quelle forme & grandeur se verra A. B. au Miroir, soit prolongé C.D. vers F. & soit fait la chose visible de l'autre costé du Miroir à droits angles d'iceluy, & aufsi loing derriere ledit Miroir comme ladite chose visible est deuant, & ce qui est derriere sera marqué G.H. apres soient tirées de ladite chose visible de derriere les rais visuels, ladite chose visible se monstrera au Miroir de la grandeur I. L.

THEORESME II.

Ous Miroirs planes rapportent leurs obiects à l'œil en la mesme forme comme si l'on voioit la dite chose visible à trauers vne verre plane en la place du Miroir, & que ladite chose visible fut aufsi loing derriere le verre comme elle est deuant.

EXEMPLE.

SOit la chose visible A. B. le Miroir C.D. & le point de veue E. soit vne piece de verre posée sur C. D. & que la chose visible soit mise derriere ladite piece de verre à droits angles, & fault que chacun bout de ladite chose visible soit mis de pareil eslonguement, asçauoir G.M. comme M.A. & H.N. comme N.B. apres fault tirer les rais visuels de la chose visible G.H. au point de veue E. il est certain que le verre la representera en I. L. en la mesme maniere comme les Miroirs planes representent les choses en mesme estat comme si les dites choses estoyent veus à trauers vn verre plane, moyennant que les dites choses fussent aufsi loing derriere le verre comme ils sont eslongnez du Miroir.

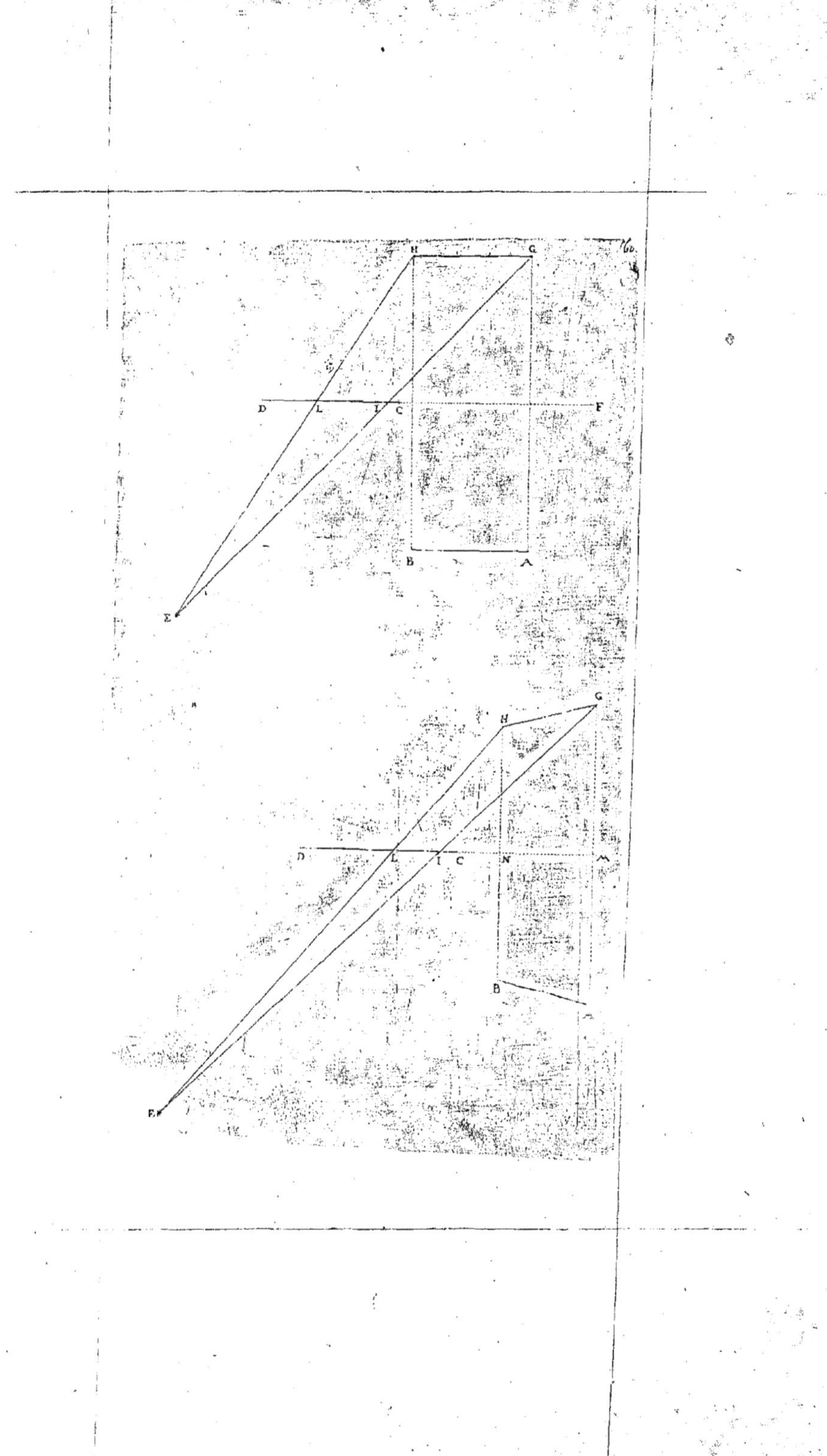

A chofe vifible eftant pourtraite contre le Miroir plane, eft femblable à la mefme chofe qui feroit mife en racourfiffement autant derriere le Miroir comme ladite chofe eft deuant.

EXEMPLE.

SOit vne tablette marquée A.B.C.D. fur laquelle fera vn cube marqué E. F.G.H. & le Miroir I.L. qui fera paralelle au cofté dudit cube E. F. & le point de veue fera M. tellement que pour voir comme ledit cube fe monftre dedans le Miroir, il fauldra mettre vn aultre cube autant derriere ledit Miroir comme ceftuy cy eft deuant, qui fera marqué P.Q. N.O. aufsi paralelle au Miroir. Fault faire aufsi l'ortografie en la mefme façon, & tirer les rais vifuels, & mettre le tout en racourfiffement: ainfi le cube E.F.G.H. fera reprefenté dans le Miroir par celuy P.Q.N.O. & le cofté de derriere dudit cube fe monftre dans le Miroir eftre le cofté de deuant, & aufsi l'ombre dudit cube fe monftre deuant au Miroir d'autant quelle eft derriere fur la tablette.

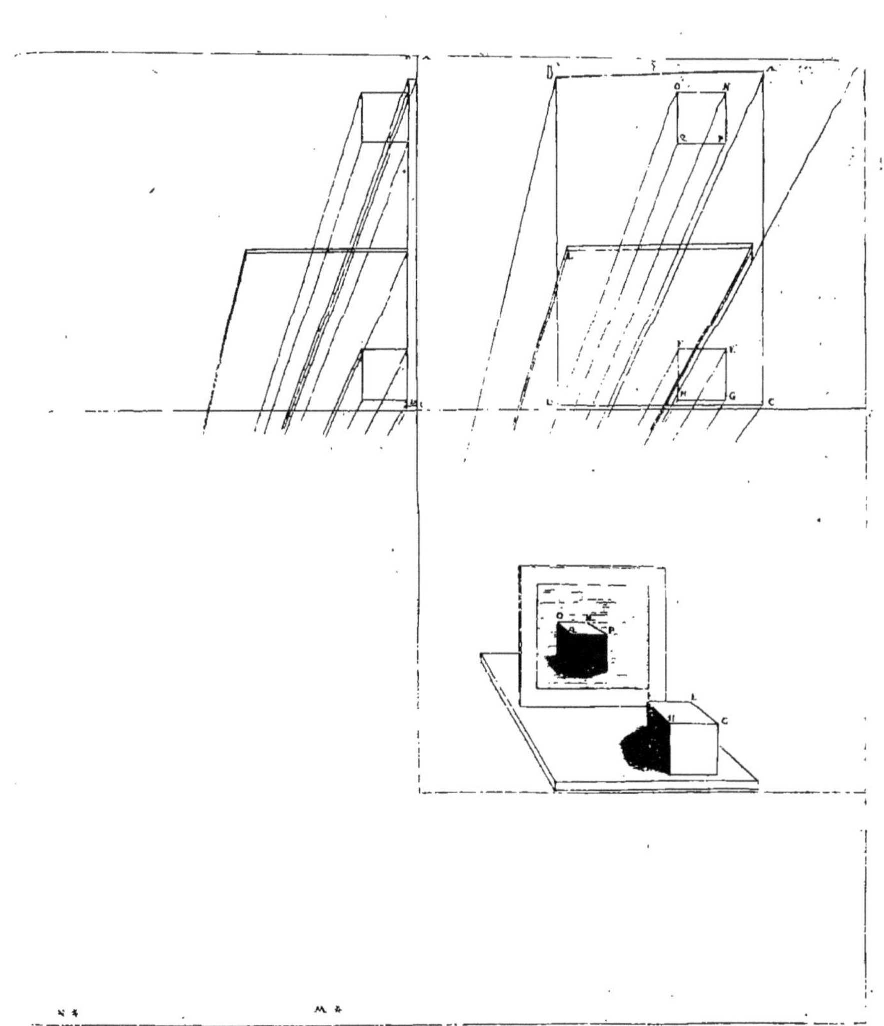

Y vn cube ou aultre corps composé de lignes droites n'ayant nul costé para-
lelle au Miroir, le mesme angle qui est en la figure derriere ledit Mi-
roir sera de pareil eslongnement que celuy qui est du mesme costé du cube
ou de la chose veuë.

EXEMPLE.

SOit le cube A.B.C.D. & le Miroir I.L. or d'aultant que le costé A.D.
n'est pas paralelle au Miroir, il faudra vser en ceste façon: tirez quatre
lignes occultes à droits angles sur le Miroir, passantes oultre de l'autre costé
aussi longnes comme est la distance de chacun desdits angles du cube, iusques au Miroir, & formez l'efigie dudit cube comme il est marqué H.G.E.
F. tellement que l'angle E. de ladite efigie representera l'angle du cube A,
celuy F. representera D. celuy H. representera B. & celuy G. representera
C. il faudra apres tirer les rais visuels, & mettre le tout en racourcissement.

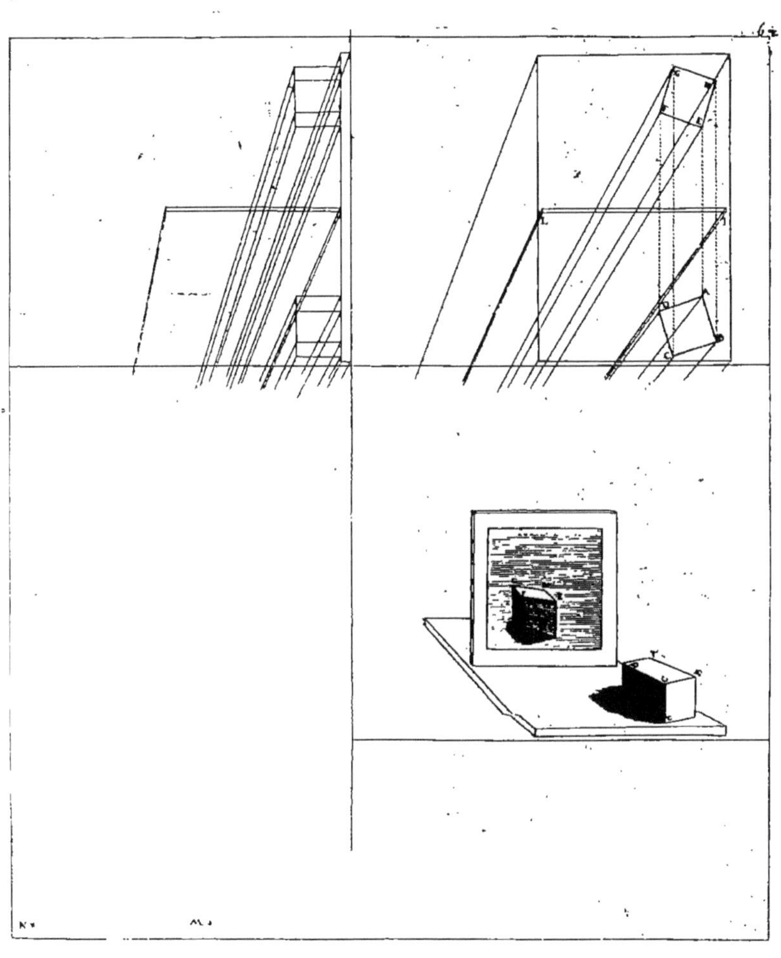

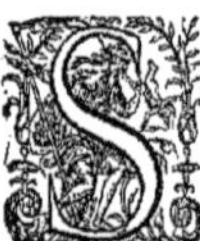 Y le cube precedent estant mis en racourcissement, veu de la mesme di-
stance & la mesme hauteur (mais la ligne taillée estant de l'autre co-
sté de la tablette) il sera d'vne aultre forme, tant le dit cube comme
la representation d'iceluy dedans le Miroir.

EXEMPLE.

I'Ay demonstré au Chapitre cinq & sixiesme de la perspectiue, que suiuant la disposition de la ligne taillée (qui est ce qui reçoit l'obiect de la
chose visible) ainsi di-je comme elle est située, ainsi nous aurons la chose visible au racourcissement; & comme au dits cinq & sixiesme Chapitres ie
n'ay point si bien au long demonstré la raison de cecy, comme il sera encores demonstré au present Theoresme, soit le mesme cube tablette & Miroir
faits comme au precedent en lignografie, & aussi le mesme point d'eslongnement, & soyent tirées les mesmes rais visuels: mais au lieu que la ligne
taillée au precedent est paralelle au costé O.P. nous la ferons icy au costé P.
Q. ainsi cela aportera du changement en l'ortografie, & aussi aux distances
des points de longueur & hauteur, comme cela se peult comprendre par la
figure, & apres le racourcissement sera fait. Lequel semble y auoir vn de-
fault au costé E.F. du cube qui est dans le Miroir, & à celuy C.D. qui est
sur la tablette, d'aultant qu'il semble que ses deux costez soient plus longs que
hauts, & ne semblent estre quarrez; mais cela aduient d'aultant que le point
d'eslongnement est trop de costé & trop pres de la chose visible, au Theoresme suiuant il sera monstré de mettre ledit cube en vne bonne station,
pour se monstrer d'vne bonne forme au racourcissement.

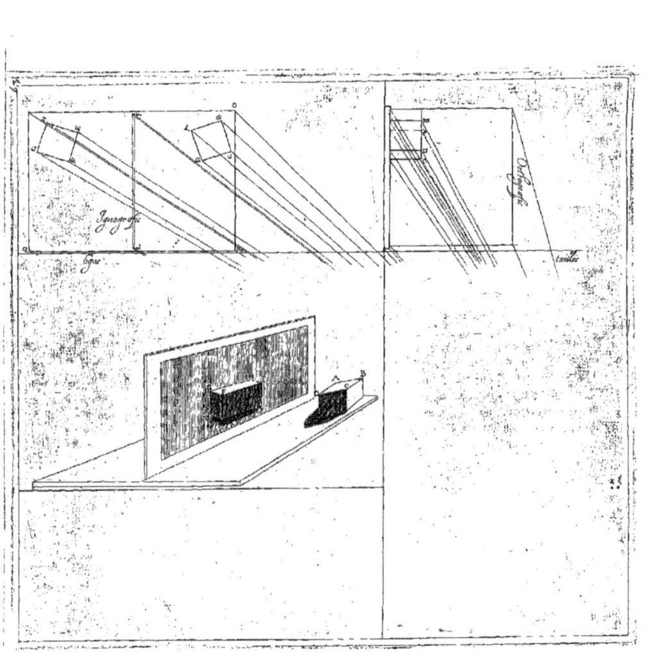

Y le point d'eſlongnement eſt plus à l'oppoſite, & non tant de coſté com-
me aux deux precedents Theoreſmes, la figure du racourciſſement ſe mon-
ſtrera plus parfaite, tant du cube comme de ſon effigie dans le Mi-
roir.

EXEMPLE.

SOient faits les plans comme aux precedentes, & le point d'eſlongnement ſera poſé en ſorte qu'il pourra deſcouurir deux des coſtez de chacun cube, eſtant ledit point d'eſlongnement le plus droit oppoſé ſur la tablette que ſe pourra faire: & fauldra pour ce faire approcher le Miroir vn
peu plus pres du point d'eſlongnement, d'aultant que les rais viſuels leſquel
prouiennent de l'effigie du cube paſſeroient de coſté du Miroir, ainſi le racourciſſement ſera fait ſuiuant ceſte diſtance, lequel ſe monſtre beaucou
mieux que les precedents: ainſi fault il quand l'on veut mettre quelque choſe en racourciſſement, mettre le point d'eſlongnement de telle façon que l'o
puiſſe voir & deſcouurir le plus que l'on pourra des choſes que l'on deſire re
preſenter: & faut ſe garder de mettre ledit point trop pres, & auſsi trop d
coſté, d'aultant (comme i'ay dit) que le racourciſſement s'en monſtreroi
difforme.

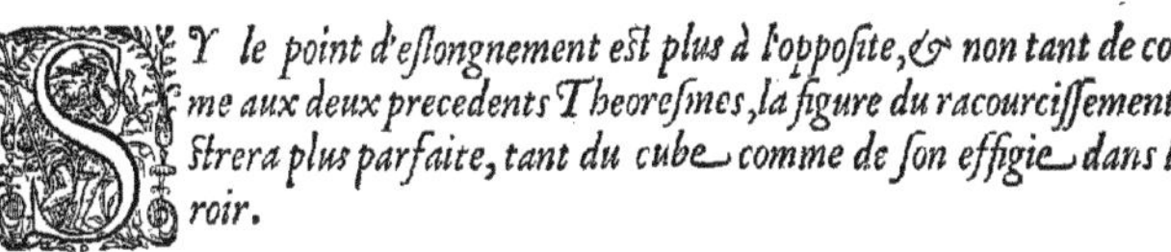

EXEMPLE.

SOient faits les plans comme aux precedentes, & le point d'eſlongnement ſera poſé en ſorte qu'il pourra deſcouurir deux des coſtez de chacun cube,eſtant ledit point d'eſlongnement le plus droit oppoſé ſur la tablette que ſe pourra faire: & fauldra pour ce faire approcher le Miroir vn
peu plus pres du point d'eſlongnement, d'aultant que les rais viſuels leſquels
prouiennent de l'effigie du cube paſſeroient de coſté du Miroir, ainſi le racourciſſement ſera fait ſuiuant ceſte diſtance,lequel ſe monſtre beaucoup
mieux que les precedents:ainſi fault il quand l'on veut mettre quelque choſe en racourciſſement,mettre le point d'eſlongnement de telle façon que l'on
puiſſe voir & deſcouurir le plus que l'on pourra des choſes que l'on deſire repreſenter: & faut ſe garder de mettre ledit point trop pres,& auſsi trop de
coſté, d'aultant (comme i'ay dit) que le racourciſſement s'en monſtreroit
difforme.

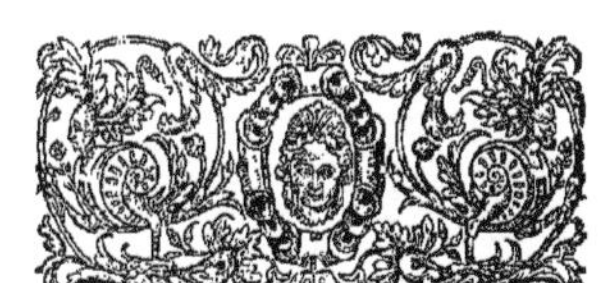

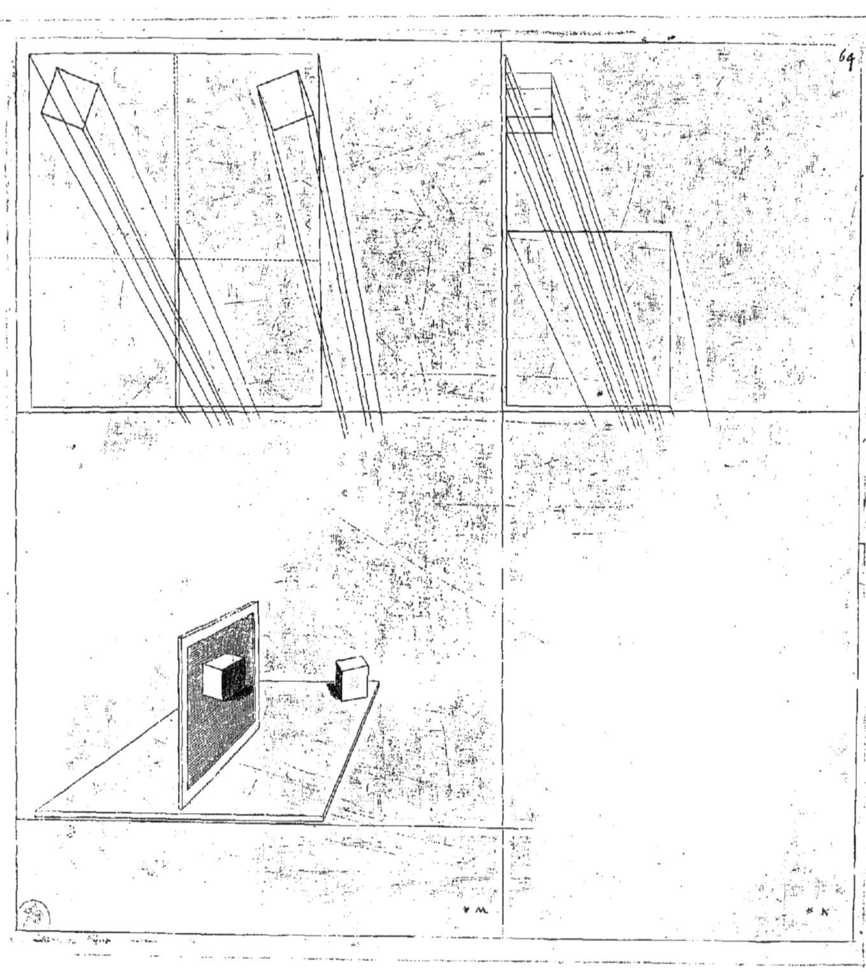

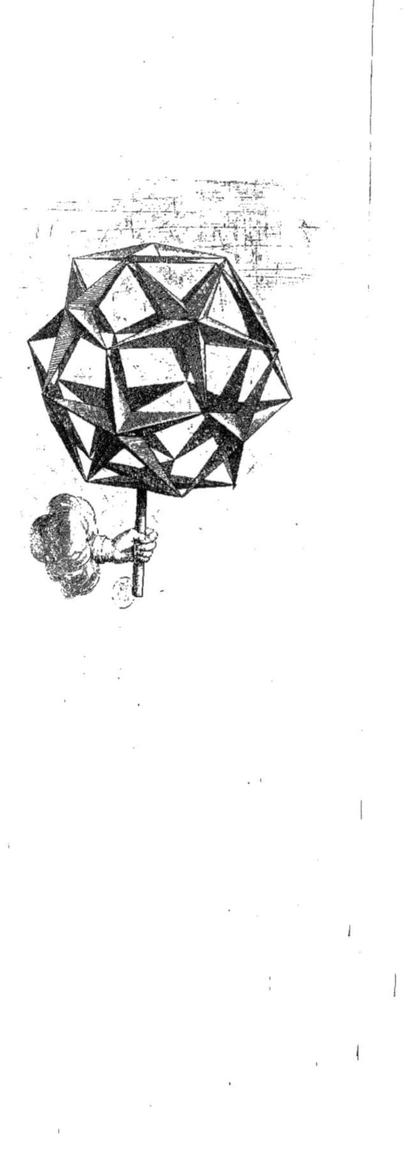